JN457698

청소년 라이프 코디네이팅

Youth Life Coordinating

조아미 · 한영희 · 이진숙 · 진영선 공저

학지사

머리말

청소년 라이프 코디네이팅에 관한 구상을 처음 한 것은 상당히 오래전부터다. 청소년지도라는 분야를 처음 접했을 때, 청소년지도에서 주로 하는 청소년 활동이나 프로그램이 생소하게 느껴졌다. 그 후 청소년지도의 중요성을 실감하게 되었지만 이 분야가 좀 더 발전하기 위해서는 무엇인가가 더 필요하다는 생각이 들었다. 그 후로 얼마간의 시간이 지났다.

청소년 관련 학과 학생 중에서 점차 상담에 관심이 있는 학생이 증가했다. 이들은 고민이 있는 청소년의 이야기를 들어주고 그들이 문제를 해결하도록 도와주고 싶어 했다. 그러기 위해서는 전문적인 상담교육과 훈련이 필요한데, 일부 학생이 원하는 상담은 전문적인 상담자가 되지 않아도 할 수 있는 것이었다. 학교교사의 경우 전문 상담교육을 받은 교사도 있지만 대부분의 교사는 전문 상담교육을 받지 않고서 학생의 생활지도를 담당하고 있다. 학교교사가 하는 생활지도와 같은 것이 일부 청소년 관련 학과 학생들이 원하는 상담일 것이다. 결국 청소년 관련 학과 학생들은 두 측면에서 청소년을 상담할 수 있다. 하나는 전문적인 상담자의 입장이고, 다른 하나는 그보다 덜 전문적인 준전문적인 상담자의 입장이다. 이러한 경우 준전문적인 상담과 청소년 활동을 접목하면 더 효과적이지 않을까 하는 생각이 들었다.

그러던 중 청소년 분야에서 상담과 청소년 활동을 접목한 프로그램이 등장하기 시작했다. 특히 청소년 상담 분야에서는 청소년에게 상담만을 제공했을 때의 한계점을 재빨리 그리고 정확하게 파악하고 활동을 도입했다. 그 결과, 청소년 상담 분야의 프로그램이 한층 발전했고 효과도 나타났다.

이런 상황을 보면서 두 가지 생각이 들었다. 하나는 지금의 프로그램은 상담 전공자와 활동 전공자가 분리되어 프로그램을 진행할 수밖에 없는 상황이라는 것이다. 이는 청소년 상담과 청소년 활동을 모두 담당할 수 있는 전문가가 아직 제대로 없기 때문이다. 청소년 활동에 비해 청소년 상담은 오랜 시간의 교육과 훈련이 필요한 과정이므로 활동전문가가 상담을 추가로 익히는 것은 시간이 많이 걸릴 것이다. 또한 청소년 활동은 학부를 졸업함과 동시에 전문가가 될 수 있지만 이들이 상담을 담당하기에는 한계가 있을 것이다. 그러나 전문 상담 수준이 아니라면 최소한의 노력으로 기본적인 상담 지식과 기술을 습득하여 한 프로그램에서 활동과 상담을 접목하는 것이 가능할 것이다.

다른 하나는 지금까지 생각해 온 청소년 활동과 상담이 접목된 프로그램 이외에 다른 방법도 청소년의 성장과 발달에 도움이 될 수 있다는 것이다. 코칭, 컨설팅, 멘토링 등 이들 방법을 모두 활용하는 무엇인가를 만들어 낸다면 가장 효과적인 결과를 얻을 수 있지 않을까 한다.

이런 고민을 청소년지도학과 제자들과 나누어 보았다. 그들은 많은 부분에서 공감을 했다. 내가 청소년 분야에 있으면서 그동안 해 왔던 고민을 그들도 똑같이 해 온 것이다. 청소년 라이프 코디네이팅이라는 용어도 내가 만들어 낸 것이 아니라 한 제자가 제안한 것이다. 이 책은 나만의 작품이 아닌 많은 제자의 아이디어와 노력이 모여 나온 귀중한 결과물로, 청소년의 행복을 위해 더 좋은 환경을 만들고자 노력하는 많은 사람에게 이 책이 조금이나마 도움이 되었으면 한다.

이 책은 시중의 다른 책들과 비교해 볼 때 다소 분량이 적다. 그 이유는 이 책에서 다루는 내용이 아직 진행 중이기 때문이다. 청소년 라이프 코디네이팅은 이제 막 걸음마를 시작한 아이와 같다. 앞으로 많은 사람의 조언과 저자들의 노력으로 이 책의 내용을 보완하고 수정해 나갈 것이다.

이 책은 총 3부 9장으로 구성되어 있다. 청소년 라이프 코디네이팅을 만들어 낸 4인의 저자가 분담 집필하였으며 1, 2, 3장은 조아미, 4, 5, 9장은 이진숙, 6, 7장은 한영희, 8장은 진영선이 맡았다. 대략적인 구성을 살펴보면, 제1부는 '청소년 라이프 코디네이팅의 기초'로 청소년 라이프 코디네이팅이 왜 중요하고 필요한지, 개념 정의와 영역은 어떻게 규정할 수 있는지, 그리고 청소년 라이프 코디네이터의 자질은 무엇인지에 대해 다루고 있다. 제2부는 '청소년 라이프 코디네이팅의 과정과 방법'으로 청소년 라이프 코디네이팅이 이루어지는 과정과 이 과정에서 이용되는 방법 및 기술을 제시하고 있다. 제3부는 '청소년 라이프 코디네이팅의 영역'으로 학습, 진로, 여가, 문제행동 영역 중 학습과 진로 영역에 대해 설명한다. 여기서 다루지 못한 여가와 문제행동 영역은 추후 개정판에서 다룰 예정이다.

이 책이 나오기까지 많은 분의 도움이 있었다. 우선 청소년 라이프 코디네이팅이 탄생할 수 있게 도와준 명지대학교 청소년지도학과 졸업생과 재학생에게 고마움을 전한다. 또한 이 책의 출간을 흔쾌히 맡아 주신 학지사 김진환 사장님과 정승철 부장님, 그리고 좋은 책이 될 수 있게 많은 도움을 주신 김경민 차장님께 감사드린다.

2013년 10월

대표 저자 조아미

차 례

제 2 부 청소년 라이프 코디네이팅의 과정과 방법

제 1 부

청소년 라이프 코디네이팅의 기초

- 제1장 청소년 라이프 코디네이팅의 배경
- 제2장 청소년 라이프 코디네이팅의 이해
- 제3장 청소년 라이프 코디네이터의 전문성

제 1 장 청소년 라이프 코디네이팅의 배경

1. 청소년과 청소년기

1) 청소년이란

청소년은 ( )이다.

청소년을 설명하는 데 ( )는 부족하다. 물론 괄호 안에 청소년의 대표적인 특성을 표현할 수는 있지만, 오늘날 청소년의 다양성을 모두 담기에는 충분하지 않다. 청소년을 설명하는 괄호 안에는 청소년이 그 시기에 달성해야 할 발달과업이나 청소년의 대표적인 특성이 들어갈 수 있다. 예를 들어, 청소년은 (희망)이다. 청소년은 (외계인)이다.

청소년의 특성은 그들의 긍정적인 측면과 부정적인 측면을 모두 아울러서 설명할 수 있다. 즉, 청소년을 희망적이고 진취적이고 무한한 가능성을 가진 존재로 볼 수도 있고 이와 달리 청소년을 방황하고 반항적인 모습으로 볼 수도 있다.

긍정적인 측면에서 보면, 청소년의 이미지는 밝고 희망적이다. 색으로 표현하자면 노란색이나 초록색이 생각난다. 회색이나 검은색 같은 무채색의 이미지는 아니다. 청소년을 희망으로 보는 것은 그들에게 밝은 미래와 무한한 가능성이 있기 때문이다. 무한한 가능성이 있는 미래가 청소년을 긍정적으로 보게 만드는 것이다.

한편, 스탠리 홀(Stanley Hall)처럼 청소년기를 질풍노도의 시기로 보면, 청소년의 이미지는 어둡고 혼란스럽다. 이와 같은 청소년의 이미지는 그들에게 고민이 많기 때문에 생긴 것이다. 청소년은 특히 공부 때문에 고민이 많다. 우리나라처럼 학력중심 사회에서 청소년이 공부에 대한 고민이 많은 것은 당연한 일이다. 공부뿐만 아니라 진로, 미래, 친구문제 등 청소년이 고민할 것이 너무 많다. 그 결과 청소년은 스트레스를 많이 받는다. 청소년의 문제행동이 스트레스 때문만은 아니지만, 많은 스트레스가 청소년의 문제행동을 유발한다.

최근 우리 사회에서 가장 주목하는 청소년의 문제행동은 학교폭력일 것이다. 학교폭력뿐만 아니라 인터넷 게임중독도 심각하고, 가출, 학업중단, 성문제 등 우리가 관심을 가져야 할 청소년 문제행동이 많다.

그러나 다행인 것은 청소년에게 적응유연성(resilience)이 있다는 것이다. 청소년은 자신의 긍정적인 측면을 보여 줄 수도 있고 부정적인 측면을 보여 줄 수도 있다. 청소년이 이 시기를 어떻게 보내느냐에 앞으로의 성장 여부가 달려 있다. 청소년은 건강하고 건전하게 성장할 권리가 있다. 비록 그들은 충분히 독립적이고 자율적이지만 올바르게 성장하기 위해서는 도움이 필요하다.

이런 맥락에서 볼 때, 비고츠키(Vygotsky)의 이론 가운데 근접발달영역과 비계를 고려해 볼 수 있다. 물론 비고츠키를 연구하는 학자들의 입장에서 보면 터무니없는 이야기라고 생각할 수도 있겠지만, 적어도 좋은 비유는 될 것이다. 비고츠키가 이야기한 것처럼 청소년이 혼자 힘으로 문제를 해결할 수 있는 수준은 발달의 열매이고, 타인의 도움으로 문제를 해결할 수 있는 수준은 발달의 봉오리 혹은 꽃이라고 하자(필자는 그 반대가 더 적절하다고 생각한다). 물론 여기에는 개인차가 있지만, 인간은 누구나 타인의 도움 없이 혼자 과제를 수행하는 것보다 타인의 도움을 받으면 훨씬 과제를 잘 수행한다. 이것은 근접발달영역에 대한 설명이다. 근접발달영역(zone of proximal development: ZPD)은 개인의 실제적 발달수준과 잠재적 발달수준 사이에 존재하는 영역을 의미한다.

원래 비계는 건물을 짓거나 수리 등을 할 때 발판 역할을 해 주는 임시 구조물을 뜻한다. 그러나 비고츠키는 이러한 의미를 가진 비계를 개인이

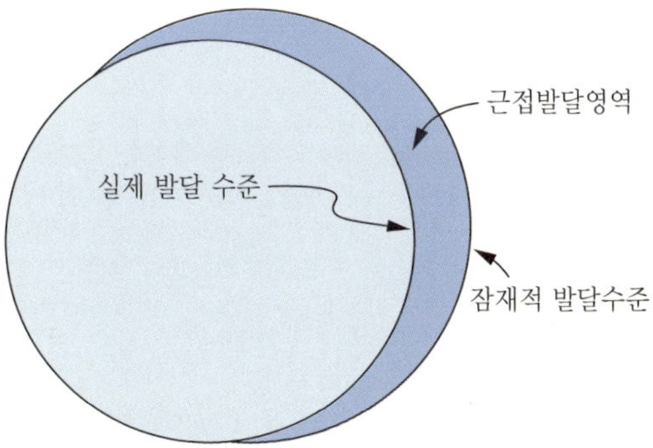

그림 1-1 **근접발달영역**(조복희, 1999; 정옥분, 2004 재인용)

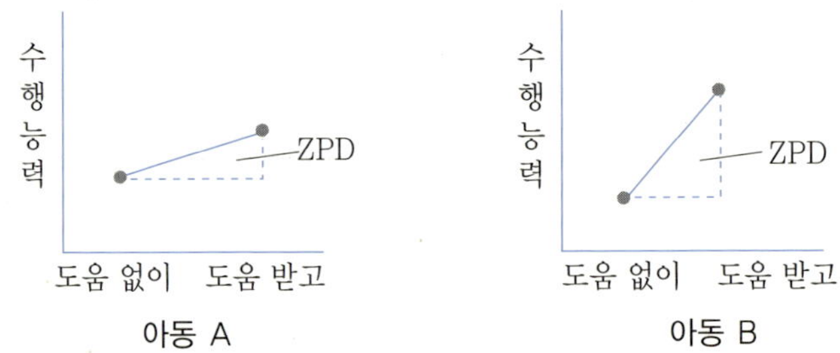

그림 1-2 도움 없이 하는 두 아동의 과제수행은 비슷하지만, 아동 B는 도움이 있는 경우 과제수행능력이 더 많이 향상하였다. 이를 볼 때 아동 B가 더 넓은 근접발달영역을 가진다(정옥분, 2004).

혼자만의 힘으로 문제를 해결할 수 있도록 성인이나 또래가 도움을 제공하는 것이라고 하였다. 비고츠키의 이론을 여기서 갑자기 꺼낸 것은 청소년이 스스로 문제를 해결할 수 있는 능력을 가지고 있기는 하나 주위에서 도움을 주면 문제를 훨씬 더 잘 해결할 수 있다는 이야기를 하고 싶어서다.

2) 청소년기란

청소년기에 관한 관심은 여러 학문에서 비롯되었다. 그중에서도 심리학과 사회학에서 청소년기를 중요한 연구 주제로 삼고 있다. 심리학 중에서도 발달심리, 특히 청소년 심리에서는 청소년기에 이루어지는 신체발달, 인지발달, 사회성발달, 도덕성발달 등 다양한 발달과 그들이 이 시기에 완수해야 하는 발달과업에 관심이 많다. 사회학에서는 청소년의 다양한 인간관계, 청소년의 아르바이트나 직업, 사회가 청소년에게 미치는 영향에 주로 관심을 갖는다.

그러나 최근 우리가 만나는 청소년은 이론적인 설명만으로는 이해하기가 어려운 측면이 많다. 그것은 아마도 지금까지의 사회변화와 달리 최근 몇 년간의 변화가 대단히 급속하게 진행되어 청소년의 달라진 특성을 이론이 대변하지 못하기 때문일 수 있다. 대표적인 예로 인터넷을 들 수 있다. 인터넷이 보편적으로 사용되고 있어서 우리는 인터넷이 인류의 탄생부터 시작한 것으로 착각을 할 정도다. 그러나 불과 20여 년 전만 해도 인터넷은 우리 사회에서 이용률이 높지 않았다. 이용되었다 하더라도 활용도가 매우 낮아서 우리 생활에 큰 영향을 미치지 못했다. 그러나 지금은 크게 달라졌다. 인터넷 없는 세상은 상상도 하지 못할 정도가 되었으며, 이것이 청소년을 변하게 했다.

또 다른 설명은 요즘 우리 사회의 가족 변화와 관련해 보는 것이다. 서울시학교밖청소년지원센터의 '언젠가학교' 강의에서 현대청소년의 이해를 강의한 김현수 박사의 설명대로 작은 가정, 형제 없는 시대를 사는 아이들, 아이들의 상대적 빈곤감을 청소년을 이해하기 위한 중요한 키워드로 생각해 볼 수 있다(http://www.seoulallnet.org).

요즘 청소년은 대가족의 틀에서 살아 본 적이 거의 없을 것이다. 부모세대에게 익숙한 가족 형태는 요즘에는 드물고, 과거보다 다양한 형태의 가족 형태(이혼가정, 재혼가정, 혼합가정, 한부모가정, 동성애가정, 인간과 동물 가정)가 자리 잡고 있다. 형제 없이 외동이인 청소년도 많아졌다. 다른 사람과 어울릴 기회가 줄어들고, 충고나 잘못된 행동에 대한 꾸지람을 들을 기회가 점차 사라졌다. 자녀 수가 줄면서 부모는 자녀 개개인에 대한 관심과 기대를 크게 가지게 되었고, 자녀는 이러한 부모의 관심과 기대에 부담을 느낀다. 현대의 청소년은 과거에는 없었던 새로운 형태의 스트레스를 경험하고 있다.

학계보다 기업체나 언론계가 요즘 들어 청소년의 달라진 측면을 재빠르게 인식하고 연구하고 있다. 2005년 동아일보에서는 '디지털 키즈' 라는 제목으로 일련의 기사를 낸 바 있다. 이 기사에서는 디지털 키즈의 특징을 개방성, 이미지, 재미 등으로 표현했는데 디지털 시대의 청소년 특성을 잘 대변하고 있다. 2006년에는 조선일보에서 대홍기획이 분석한 청소년의 특성을 기사화했다. 여기에서는 13~18세 사이 청소년의 특성을 'WANT' 라고 명했는데, 이것은 'Wide Active New Teenager' 의 약자다. 즉, 다수를 대상으로 한 커뮤니케이션을 중시하고(Wide), 적극적으로 행동하는 열정이 있으며(Active), 새로움을 추구하는 10대(New Teenager)라는 뜻을 가진다. 이것을 오늘의 청소년에게 비추어 보면 왜 카카오톡이 성공했는지를 이해할 수 있다. 그리고 왜 청소년이 그처럼 휴대전화를 자주 바꾸는지도 이해할 수 있을 것이다.

2. 청소년 전문가

비고츠키 이론에서 나오는 비계와 같은 역할을 청소년을 대상으로 하는 청소년 전문가는 청소년지도사, 청소년상담사, 사회복지사, 교사, 청소년 코치, 청소년 컨설턴트, 멘토 등 다양하다. 이들은 청소년을 대상으로 하는 등의 공통점이 있기는 하나 그 역할을 살펴보면 전문가로서 각각의 영역이 구분되어 있다.

① 청소년지도사: 주로 활동 프로그램을 기획, 개발, 지도, 평가하는 전문가다. 활동 프로그램을 통하여 청소년이 가진 잠재력을 발휘하도록 돕는 역할을 한다. 활동 프로그램의 내용은 다양하기 때문에 다룰 수 있는 영역도 포괄적이다. 이들이 만나는 대상은 모든 청소년으로, 일반 청소년부터 소외계층 청소년이나 문제 청소년 등 다양하다.

② 청소년상담사: 주로 문제가 있는 청소년을 대상으로 그들이 문제를 해결하도록 돕는 조력자 역할을 한다. 상담에서는 주로 과거의 문제로 상처받은 개인을 돕고 치료하는 일에 초점을 두기 때문에 모든 청소년이 그 대상이 되지는 않는다.

③ 사회복지사: 개인에게 필요한 도움을 제공하는 것에 초점을 맞춘다.

④ 교사: 청소년을 지덕체를 갖춘 인간으로 성장하도록 돕는 역할을 하는 전문가다.

⑤ 청소년 코치: 개인의 잠재력을 최대한 개발하고 발전시키도록 도움을 주는 역할을 한다.

⑥ 청소년 컨설턴트: 전문지식에 기초해 개인을 상담하고 자문하며, 청소년이 처한 상황을 분석해서 대안을 제시한다.

⑦ 멘토: 자신의 경험과 지식을 활용해서 청소년 멘티에게 충고해 주

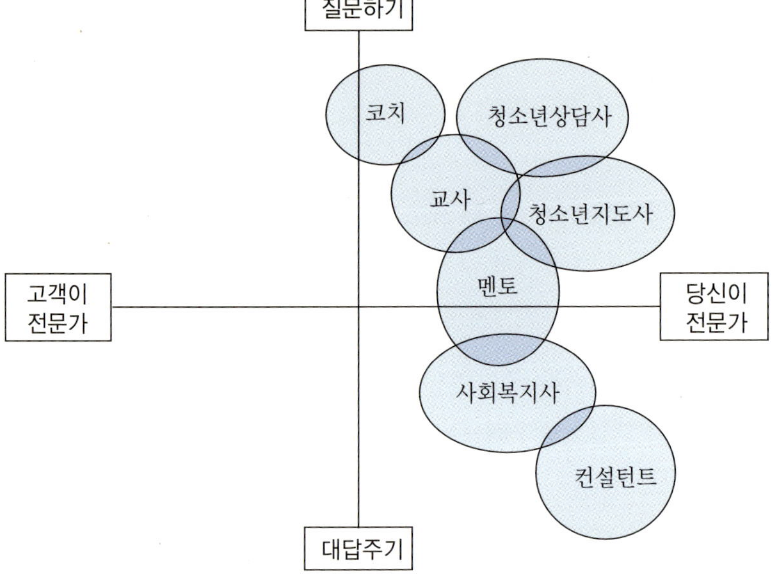

그림 1-3 **청소년 전문가의 역할**(선종욱, 2010을 토대로 재구성)

고 방향과 의견을 제시하며 지도하는 역할을 한다.

청소년지도사, 청소년상담사, 사회복지사, 교사, 청소년 코치, 청소년 컨설턴트, 멘토는 모두 청소년이 그들의 잠재력을 최대한 발휘하고 올바르게 성장하는 데 도움을 주는 청소년 전문가다. 이들은 각 분야에서 청소년을 도울 수 있는 최고의 전문가라고 할 수 있지만, 청소년의 균형 있는 성장을 위해서는 각 청소년 전문가의 장점을 살린 제3의 청소년 전문가가 필요하다.

3. 청소년 라이프 코디네이팅의 필요성과 의의

청소년지도사, 청소년상담사, 사회복지사, 교사, 청소년 코치, 청소년 컨설턴트, 멘토는 모두 유능한 청소년 전문가이지만 '현재의 청소년 전문가가 지금의 청소년을 돕기에 충분한가?'라는 질문 앞에서는 '그렇다'는 대답이 망설여지는 것이 사실이다. 예를 들어, 교사는 청소년에게 지적 영역의 도움을 주는 데에는 전문가이지만, 최근에는 청소년의 고민을 들어 줄 만한 여유가 없어서 상담과 지도의 영역에서는 제대로 된 역할을 하지 못한다. 멘토는 자신이 가진 경험과 지식으로 청소년을 도울 수 있지만, 대다수 멘토는 자원봉사자이거나 청소년을 대하는 방법을 제대로 습득하지 못한 경우가 많다. 청소년상담사는 문제가 있는 청소년의 고민을 들어 주고 그들이 스스로 문제를 해결해 나가도록 돕는 전문가이기는 하지만, 일반 청소년에게는 전문가로서의 역할이 적을 수 있다. 청소년지도사는 활동 전문가이기는 하지만 상담을 해 주는 부분이 미약하다. 청소년 코치나 청소년 컨설턴트도 청소년을 충분히 이해하고 도와주기에는 부족한 면이 있다.

청소년을 도울 수 있는 전문가의 모습을 한번 그려 보자. (활동 체험 프로그램을 통해 청소년에게 도움을 줄 수 있는 전문가를 생각해 보자.) 그 전문가는 청소년을 교육하고 지도하고 상담한다. 교육을 하지만 교사처럼은 아니다. 지도를 하지만 청소년지도사처럼은 아니다. 그리고 상담을 하지만 청소년상담사처럼은 아니다. 이런 역할을 모두 할 수 있는 청소년 전문가가 바로 청소년 라이프 코디네이터다.

직업은 필요에 의해서 만들어진다. 웃음치료사, 사과 대변인, 퍼스널 쇼퍼와 같은 직업은 얼마 전까지만 해도 우리 사회에 존재하지 않았다. 그러나 우리 사회에 그들이 필요하기 때문에 그러한 직업이 생겨났다. 청소년 라이프 코디네이터(youth life coordinator)도 마찬가지다. 이제까지는 이와 같은 청소년 전문가가 없었다. 그러나 지금은 청소년 라이프 코디네이터라는 새로운 직업이 필요한 시점이다.

책에서 진로를 만나다

웃음치료사… 퍼스널 쇼퍼… 아는 만큼 유망직

웃음으로 마음의 병을 치료해 주는 '웃음 치료사', 사과의 말을 대신 전해 주고 서로의 오해를 풀어 화해할 수 있도록 도와주는 '사과 대변인', 시간이 없는 사람들을 위해 대신 쇼핑을 해 주고 개인별 특성에 따라 적합한 상품을 골라 주는 '퍼스널 쇼퍼'…. 생소하지만 다양하고 세분화된 현대 사회의 일면을 드러내는 실제 직업들이다.

한국의 경우 1950년대 2000여 종에 불과했던 직업이 현재는 1만 2000여 종으로 늘어났다. 불과 20년 전에 성행했던 직업인데도 지금은 없어졌는가 하면 예전에는 생각해 보지도 않았던 것들이 신종 직업으로 생겨났다. 현재 직업의 절반가량이 점차 새로운 직업으로 대체될 것으로 전망된다.

출처: 오길주(2012. 10. 06).

참고문헌

김승범(2006. 5. 8). 13-18 'WANT' 세대가 뜬다. 조선일보.

선종욱(2010). **코칭다이나믹스**. 파주: 한국학술정보.

오길주(2012. 10. 6). [책에서 진로를 만나다] 웃음치료사… 퍼스널 쇼퍼… 아는 만큼 유망 직업 보인다. **동아일보**.

이병기 외 특별취재팀(2005. 2. 2; 2. 3; 2. 5; 2. 7; 2. 11). [디지털 키즈] 〈1〉~〈5〉. **동아일보**.

정옥분(2004). **발달심리학: 전생애 인간발달**. 서울: 학지사.

서울시학교밖지원센터. http://www.seoulallnet.org

제2장 청소년 라이프 코디네이팅의 이해

1. 청소년 라이프 코디네이팅의 개념과 영역

1) 청소년 라이프 코디네이팅의 개념

청소년(to whom), 라이프(what), 코디네이팅(how), 코디네이터(who)

청소년 라이프 코디네이팅(youth life coordinating: YLC)을 분석해 보면, 위와 같은 4개의 영역이 도출된다. 청소년은 누구를 대상으로 하느냐에 관한 것이고, 라이프는 무엇, 즉 내용에 관한 것이다. 코디네이팅은 방법에 관한 것이고, 코디네이터는 누가 코디네이팅을 할 것이냐에 관한 것이다. 청소년 라이프 코디네이팅은 주체(코디네이터), 객체(청소년), 내용, 방법을 중심으로 다음과 같이 설명할 수 있다.

(1) 라이프

청소년 라이프 코디네이팅에서 우선 눈에 띄는 부분은 라이프(life)다.

라이프는 아시다시피 생명, 인생, 생활을 의미하는 영어 단어로 우리 사회에서 흔히 사용되는 외래어다. 청소년 코칭이나 청소년 상담처럼 청소년 코디네이팅이라고 하지 않고 중간에 라이프를 삽입한 것은 청소년 라이프 코디네이팅이 청소년의 생활 전반, 나아가 인생을 총망라하는 무엇이라는 점을 강조하고 싶었기 때문이다.

인간의 인생에서 중요한 것이 무엇인가에 대해 혹자는 일과 사랑이라고 하고, 혹자는 직업, 학습, 여가라고 한다. 그렇다면 청소년에게 있어 그들의 인생에서 지금 중요한 것은 무엇일까? 아마도 그것은 학습, 진로, 여가일 것이다. 물론 모든 사람이 여기에 동의하지는 않겠지만 대다수가 같은 의견일 것이다.

청소년 라이프 코디네이팅에서 라이프가 의미하는 것은 청소년의 생활과 앞으로의 인생에서 중요한 것, 즉 학업, 진로, 여가가 청소년 라이프 코디네이팅의 핵심 내용이라는 것을 의미한다. 여기에 하나 더 덧붙인다면, 청소년의 문제가 될 것이다. 청소년 라이프 코디네이팅에서는 청소년 문제 분야에 청소년상담사와 같은 우수한 전문가가 있기 때문에 이를 중점적으로 고려하지는 않지만, 청소년의 가벼운 문제행동이나 학습, 진로, 여가에 방해가 되는 문제는 다룬다.

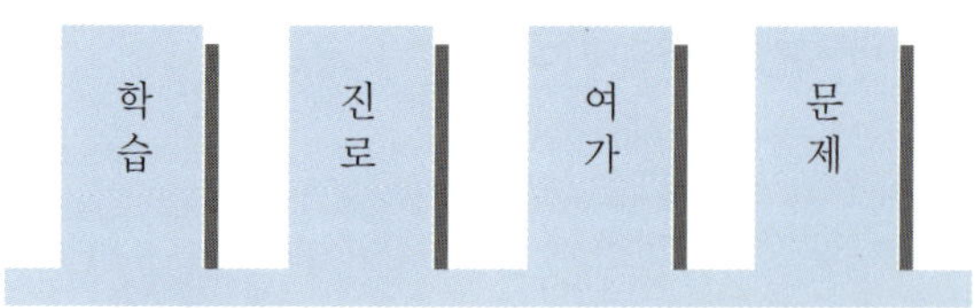

그림 2-1 청소년 라이프 코디네이팅의 영역

(2) 코디네이팅

영어 단어 coordinate는 ① 조직화하다, ② (몸의 움직임을) 조정하다, ③ (옷차림 · 가구 등을) 꾸미다와 (옷차림 · 가구 등이) 잘 어울리다의 세 가지 의미를 가진다(네이버 사전). 한편, coordinator는 조정자, (의견 등을) 종합하는 사람, 진행자 등의 의미를 가진다. 코디네이팅이라는 말은 현재 우리 사회에서 점차 널리 사용되는 추세다.

사회복지 분야에서의 사용을 예로 들면 다음과 같다. 사회복지 분야에서는 코디네이팅이 사회복지사의 역할 중 하나로 문제선정을 위한 원조활동을 의미한다. 사회복지에서는 다른 분야의 전문인과의 협동이 필수적이므로 사회복지사는 이들 사이에서 조정 기능을 수행해야 한다. 그러므로 사회복지 분야에서의 코디네이팅은 조정자로서의 기능에 초점이 맞춰져 있다.

코디네이트나 코디네이터의 사전적 의미만을 보면, 이 용어로 청소년지도자의 새로운 전문영역이 의미하는 바를 모두 나타내는 것은 다소 부족해 보인다. 그러나 상상력을 발휘하면 청소년 분야에서의 코디네이팅을 새롭게 조명해 볼 수 있다. 코디네이팅은 조정의 기능을 가진다. 이것은 지도자가 청소년의 잠재력이나 역량을 최대한 발휘할 수 있도록 조정한다는 의미로 생각해 볼 수 있다. 또한 덕, 체, 지가 균형을 이루도록 조정해 준다는 의미로도 생각해 볼 수 있을 것이다. 조정을 한다는 것은 있는 그대로 그냥 놔두는 것이 아니라 최적의 상태가 되도록 무엇인가를 한다는 의미로 코디네이터의 역할을 어떤 의미에서는 상담자의 역할보다 좀 더 적극적인 것으로 볼 수 있다. 이때는 컨설턴트에 가까운 측면이 있다.

(3) 코디네이터: 코디네이팅의 핵심 역할

인간에게 뇌는 매우 중요한 역할을 한다. 그중에서도 소뇌는 뇌 전체의 10% 정도를 차지하는데 그곳에 뇌 신경세포의 절반 이상이 밀집되어 있다. 뇌 신경세포가 밀집되어 있다는 것은 그만큼 소뇌가 많은 역할을 한다는 것을 의미한다. 눈, 귀 등 여러 신체 부위로부터 현재 몸의 각 부위가 어떤 자세를 취하고 있는지를 알려 주는 감각신호와 이들 부위를 어떻게 움직여야 할지 알려 주는 대뇌피질의 운동신호가 소뇌로 들어온다. 소뇌는 이 두 정보를 종합한 뒤 뇌간을 통해 근육에 운동신호를 내보내는데, 이 과정을 통하여 자세와 균형을 유지하고, 여러 근육이 효과적으로 협응하도록 통제하는 기능을 한다. 악기를 연주하거나 운동을 하는 것처럼 새로운 운동 기술을 익힐 때도 소뇌의 기능이 필요하다. 그러므로 소뇌가 손상되면 근육 간 협응운동이 잘 이루어지지 않고 정확한 움

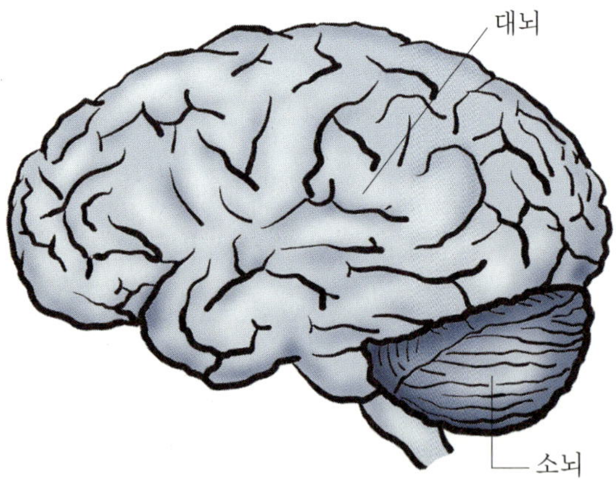

그림 2-2 뇌의 구조

직임을 하기 어렵다(강윤정, 2012).

소뇌는 이와 같이 운동을 하는 데 있어서 코디네이터의 역할을 한다. 마찬가지로 청소년 라이프 코디네이터는 청소년이 성장하고 발달하는 데 있어서 코디네이터의 역할을 한다. 인간이 운동을 하는 데 있어 소뇌가 중요하듯이 청소년 발달에 있어서는 코디네이터가 중요하다.

한편, 코디네이팅에서 코디네이터와 더불어 중요한 역할을 하는 것은 청소년이다. 소뇌가 인간의 운동을 전적으로 관할하는 것과 달리, 코디네이터가 코디네이팅을 전적으로 좌우하는 것은 아니다. 코디네이팅에서는 코디네이터와 청소년이 함께 이것을 만들어 가며, 그 결과 청소년은 성장하고 발달해 나간다. 그러므로 코디네이팅의 양대 산맥은 코디네이터와 청소년이다.

(4) 청소년 + 라이프 + 코디네이팅

우리나라에서 청소년 분야는 새로운 분야일 뿐만 아니라 역사도 길지 않은 편이다. 이것은 청소년 분야가 무에서 유를 창조하듯이 기존의 무엇인가를 바탕으로 새로운 것을 창조한다는 것을 의미한다. 물론 가끔은 아주 새롭고 독특한 것이 만들어지기도 한다. 예를 들어, 처음에 청소년학은 교육학, 심리학, 사회학, 사회복지학 등 다양한 학문적 배경을 가지고 있었고, 이것이 마치 샐러드처럼 각각의 특성을 가진 채 융합된 형태를 이루고 있었다. 그러다 보니 청소년학의 정체성 문제가 제기되기도 했다. 그러나 시간이 지나면서 다양한 학문적 배경이 말 그대로 배경이 되고 그 위에 청소년학이라는 융합 분야가 생성되면서 청소년학의 정체성에 대한 논란도 조금씩 수그러들고 있다. 청소년수련활동인증제, 청소년동반자, CYS-NET 등은 다른 학문 분야에서 찾아볼 수 없는 청소년 분야의 독특성을 보여 주는 대표적인 예다.

그러나 청소년 분야는 아직도 발전 중인 분야이기 때문에 논란의 여지가 많다. 그중 하나는 청소년 분야에서 전문가의 역할이라고 할 수 있다. 우리나라 청소년 정책이 지향하는 것이나 청소년지도의 궁극적인 목적을 고려해 보면, 그것은 청소년의 건강한 성장과 발달로 대변될 수 있다. 설명을 덧붙이자면 건강한 성장과 발달은 지, 덕, 체의 균형 잡힌 성장과 발달을 의미하고, 잠재력이나 역량의 개념을 포함한다.

현재 청소년 분야에는 청소년지도자, 즉 청소년지도사와 청소년상담사의 두 전문가 집단이 있다. 이들은 청소년의 활동, 보호, 복지를 담당한다. 청소년지도사와 청소년상담사의 역할이 명확하게 구분되어 있지 않으나 일반적으로 청소년지도사는 청소년 활동을, 그리고 청소년상담사는 보호나 복지를 담당하고 있다. 물론 최근에는 활동과 상담 간의 교류가 증가해서 청소년 상담에서 활동을 활용하기도 하고 청소년 활동에서 상담을 활용하기도 한다.

여기에서 주목할 것은 청소년지도사는 대학 졸업 후 곧바로 전문가로서의 역할을 수행할 수 있는 반면 청소년상담사는 대학 졸업 후 전문가로서의 역할을 수행하는 데 어려움이 있다는 것이다. 청소년상담사는 전문적인 상담을 하는 사람이기 때문에 일정 기간의 훈련을 더 받아야 한다. 청소년활동을 주로 담당하는 청소년지도사 또한 전문적인 상담은 아니지만 기본적인 상담 훈련이 필요하다. 적절한 용어가 없기 때문에 상담이라는 용어를 그대로 사용하고 있으나 이로 인해 혼란이 발생하기도 한다. 예를 들어, 교사와 방과후 아카데미 담당자가 생활지도를 하듯이 청소년 지도사도 [ ] 을 하는 것이 필요하다. 기존의 용어로는 설명이 부족하지만 이것을 청소년지도사에게 필요한 전문가 영역이라고 본다.

청소년지도자나 청소년상담사 이외에도 사회복지사, 교사, 컨설턴트, 코치, 멘토 등 다양한 청소년 전문가가 있다. 이들에게는 청소년이 건강하게 성장하는 데 도움을 주는 무엇인가가 있다. 각각의 청소년 전문가의 장점과 역량이 모아진다면 각각의 청소년 전문가 이상의 시너지 효과를 낼 수 있을 것이다. 이런 역할을 하는 청소년 전문가를 머릿속에 그려보면 이들을 지칭하는 새로운 용어가 필요함을 느낄 것이다. 여기에서는 [ ] 을 '청소년 라이프 코디네이터'라고 명명한다. 그리고 이들이 하는 일을 청소년 라이프 코디네이팅이라고 한다.

한때 청소년 라이프 코디네이팅이라는 개념 대신 기존의 개념을 사용해서 설명하고자 했다. 그러나 청소년 라이프 코디네이팅은 기존의 개념과 유사한 부분이 있기는 하지만 새로운 개념이어서 기존의 개념으로 설명하는 데는 한계가 있었다. 새 술은 새 부대에 담아야 한다고 하듯이 청소년 라이프 코디네이팅도 새롭게 시작하여야 한다. 새롭게 시작해야만 청소년 라이프 코디네이팅의 정체성을 제대로 확립하여 앞으로 지속적인 발전이 가능할 것이며, 그래야 사상누각이 되지 않을 것이다.

청소년 라이프 코디네이팅은 청소년이 그들의 생활이나 앞으로의 인생 전반에 걸쳐 중요한 이슈인 학습, 진로, 여가, 문제에 대한 인식, 계획, 행동, 평가를 통해 자신의 잠재력과 역량을 최대한 발휘하여 성장할 수 있도록 청소년지도자가 조정(코디네이트)하는 것이다.

청소년 라이프 코디네이팅은 복합활동이다. 그것은 청소년 라이프 코디네이팅이 활동, 상담, 코칭, 멘토링, 컨설팅을 부분적으로 포함하기 때문이다. 이것을 다르게 설명하면 청소년 라이프 코디네이팅은 청소년 활동, 상담, 코칭, 멘토링, 컨설팅 등의 방법을 사용한다는 것이다.

그간 청소년상담사는 상담을 하고 청소년지도사는 활동을 지도하는 것으로 나뉘었지만, 청소년 라이프 코디네이터는 상담도 하고 청소년 활동도 지도하고 필요하면 컨설팅, 코칭, 멘토링의 방법도 활용한다는 것이다. 청소년 라이프 코디네이터는 필요에 따라 청소년 활동과 상담을 융합한 프로그램을 진행할 수 있다. 여기에 필요한 컨설팅 등을 도입하여 최고의 효과를 끌어낼 수 있다. 즉, 청소년 라이프 코디네이팅은 상담과 활동 등을 융합한 새로운 영역이다.

비유적으로 설명하면 청소년 라이프 코디네이터는 초등학교 교사와 같다. 초등학교 교사는 국어와 수학은 물론 과학, 사회, 미술, 음악, 체육을 모두 가르친다. 초등학교 교사는 여러 영역을 담당할 수 있는 전문가로 학생들은 초등학교 교사에게서 필요한 모든 것을 배울 수 있다. 이와 달리 중등학교 교사는 어느 한 영역의 전문가다. 국어는 국어교사가, 수학은 수학교사가 가장 잘 가르칠 수 있는 전문가이며, 중학교나 고등학교에서는 모든 교과목을 같은 교사가 가르치는 것은 어렵다.

이와 같은 청소년 라이프 코디네이팅의 정의는 청소년 라이프 코디네이팅이 다른 유사개념과 어떻게 다르고, 그것이 어떠한 강점을 가지는지를 알려 준다. 다음은 청소년 라이프 코디네이팅의 강점에 관한 내용이다.

첫째, 청소년 라이프 코디네이팅의 가장 큰 강점은 청소년의 특성을 반영한 접근법을 강조한다는 것이다. 청소년은 에너지가 넘치는 집단으로 체험과 활동을 좋아한다. 그러므로 청소년 라이프 코디네이팅에서는 체험활동적 요소를 반영한다. 예를 들어, 인터넷중독을 코디네이팅 한다고 할 때, 상담적 측면에서만 접근하는 것이 아니라 체험활동적인 요소를 가미하는 것이다. 한국상담복지개발원에서 진행하는 인터넷중독 치료프로그램인 레스큐의 경우를 보면 상담과 활동의 요소가 공존하는데, 이 프로그램은 청소년의 경우 상담만으로는 개입이나 치유가 힘들기 때문에 활동적 요소의 가미로 그 효과성을 높여 성공한 대표적인 프로그램이다. 청소년 라이프 코디네이팅에서는 이보다 체험활동적 요소를 더 중요하게 생각한다.

둘째, 청소년 라이프 코디네이팅의 대상자는 주로 일반 청소년이다. 평범한 청소년이 청소년기를 보내면서 경험할 수 있는 어려움을 도와주어서 그들이 올바르게 성장하도록 하는 것이 목적이다. 즉, 청소년 라이프 코디네이팅에서는 별다른 문제가 없는 정상적인 청소년이 중심이 되고 그들에게 필요한 것을 지원해 주는 활동이 핵심이 된다. 그러나 간혹 행동문제를 가진 청소년이 청소년 라이프 코디네이팅의 대상이 되는 경우도 있다.

셋째, 청소년 라이프 코디네이팅은 다른 유사 개념과 달리 문제해결을 위한 목표설정뿐만 아니라 그 목표를 달성하는 데 필요한 과정, 절차, 수단, 방법 등에 대해 구체적이다. 물론 각각의 경우 목표, 과정, 수단, 방법이 같을 수는 없겠지만, 이것을 체계화하고 매뉴얼화하여 청소년 라이프 코디네이팅을 더 쉽게 활용할 수 있도록 하였다. 이것은 청소년 라이프 코디네이터가 청소년 전문가이기는 하지만 청소년상담사 등과 같은 청소년 전문가와 달리 빠른 시일 내에 청소년 전문가로서 활동할 수 있게 한다는 장점이 있다. 물론 청소년상담사는 청소년 상담분야의 전문가이므로 이들이 할 수 있는 일과 청소년 라이프 코디네이터가 하는 일은 다르다고 본다.

넷째, 청소년 라이프 코디네이팅에서는 다양한 기법을 사용한다. 청소년 라이프 코디네이팅에서는 청소년 활동에서 많이 사용하는 기법이나 프로그램을 이용하는데, 여기에는 청소년 활동 분야의 고유한 것도 있고 청소년 상담에서 도입한 것도 있으며, 활동적 요소와 상담적 요소를 융합한 것도 있다. 또한 멘토링이 청소년 라이프 코디네이팅에서 하나의 기법이 될 수도 있다. 학습이나 진로 등 정보나 기법을 제시해 주어야 하는 상황에서는 컨설팅을 할 수도 있다. 컨설팅은 청소년상담이나 코칭과는 달리 청소년 라이프 코디네이팅과 거리가 있는 개념처럼 보이지만 청소년 라이프 코디네이터에게 필요한 부분이다.

다섯째, 청소년 라이프 코디네이팅은 청소년지도에서 중요한 활동, 보호, 복지를 포괄한다. 청소년지도사는 활동 영역에는 전문가이지만, 보호나 복지 영역에는 관심이 적거나 전문 경험이 부족할 수 있다. 청소년상담사는 보호 영역의 전문가이지만 다른 영역의 전문성은 상대적으로 낮을 수 있다. 또한 청소년상담사는 청소년 보호 영역을 담당하기에는 전문성이 지나치게 높은 경향이 있다. 그러나 청소년 코디네이터는 청소년 활동, 보호, 복지 영역을 모두 아우를 수 있는 적합한 수준의 전문성을 가진다.

여섯째, 청소년 라이프 코디네이팅에서는 학습, 진로, 여가, 문제를 중점적으로 다룬다. 다른 유사 영역에서는 이들 중 일부를 주로 다루는 데 비해 청소년 라이프 코디네이팅에서는 4개 영역을 모두 중요시한다는 점이 특징이다. 청소년 라이프 코디네이팅에서 4개 영역 모두를 중요하게 생각하는 이유는 그 영역이 모두 청소년에게 중요한 것이기 때문이다. 학습, 진로, 여가, 문제를 중요하게 여길 뿐만 아니라 이를 동시에 고려한 접근을 한다는 점이 기존의 청소년 전문가와 다르다. 예를 들어, 청소년지도사는 진로나 여가를 주로 다루고, 청소년상담사는 문제를 주로 다룬다고 할 수 있지만, 청소년 코디네이터는 4개 영역을 모두 다루면서 이를 조정한다.

청소년 라이프 코디네이팅을 그림으로 나타내면 [그림 2-3]과 같다.

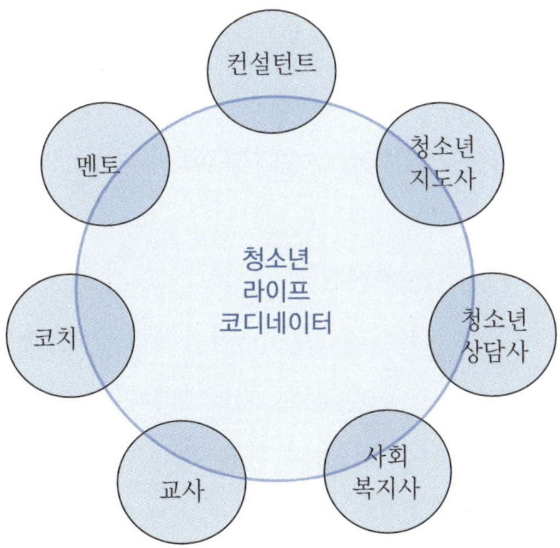

그림 2-3 청소년 라이프 코디네이터와 다른 청소년 전문가의 관계

2) 청소년 라이프 코디네이터의 영역 개요

(1) 청소년 진로 코디네이터

청소년 진로 코디네이터는 여러 다양한 장면에서 청소년의 진로탐색, 진로계획, 의사결정, 진로준비 등을 조력하는 청소년지도자다. 이들은 성격, 적성, 흥미 등에 대한 심리검사를 통해 청소년이 자신에 대한 이해를 높이도록 돕고, 상담과 청소년활동을 접목한 다양한 진로프로그램을 통하여 청소년의 진로발달을 자극하고 촉진하는 청소년 전문가다.

(2) 청소년 학습 코디네이터

청소년 학습 코디네이터는 학습 장면에서 청소년의 잠재력과 가능성을 중심으로, 청소년이 항상 긍정적인 생각을 가질 수 있도록 도와주는 역할을 하는 청소년지도자다. 이들은 청소년이 구체적이고 실현 가능한 학습목표를 세울 수 있도록 도와주며, 나아가 청소년의 동기유발을 이끌어 내어 스스로 자기주도적 학습을 할 수 있도록 돕는 청소년 전문가다.

(3) 청소년 여가 코디네이터

청소년 여가 코디네이터는 청소년이 여가시간을 생산적으로 보낼 수 있도록 돕는 청소년지도자다. 이들은 청소년의 여가 현황을 진단하고 다양한 여가활동을 소개하며 청소년활동을 활용한 여가프로그램을 통해 궁극적으로는 개인에게 유용한 여가활동을 제시함으로써 청소년이 좀 더 건강하고 행복한 여가생활을 영위할 수 있도록 돕는 청소년 전문가다.

(4) 청소년 문제 코디네이터(생활지도/문제 등)

청소년 문제 코디네이터는 청소년이 갖고 있는 다양한 문제행동을 자기탐색과 더불어 주변 환경과 건강하게 접촉할 수 있는 힘을 키워 줌으로써 청소년을 돕는 청소년지도자다. 청소년 문제 코디네이터는 청소년의 내재적 및 외현적 문제행동을 다루며, 대상은 일반 청소년과 심각한 단계에 이르지 않은 초기 문제 단계에 있는 청소년이다.

청소년 문제 코디네이터는 다양한 활동을 통해 청소년이 자기 모습을 볼 수 있도록 도와서 문제에 대한 해결력을 갖는, 즉 자아성장에 초점을 둔 예방적 활동을 주로 담당하는 청소년 전문가다.

여기에서는 청소년 라이프 코디네이터의 영역을 4개 영역으로 구분했지만 이는 각 영역을 설명하기 위해 편의상 나눈 것이다. 실제로 청소년 라이프 코디네이터는 진로, 학습, 여가, 문제의 4개 영역을 종합적으로 다룬다.

2. 청소년 라이프 코디네이팅의 미래 전망

지금까지의 내용을 보면, 청소년 라이프 코디네이터라는 새로운 직업의 미래 전망에 대한 관심이 자연스럽게 생길 것이다. 미래를 예측하고 전망하는 일은 매우 어려운 일로 어느 정도 정확할지도 지금으로서는 알 수가 없다. 그렇기에 지금으로서는 타당한 근거를 가지고 미래를 전망하는 것이 최선이라고 본다. 다소 의아할 수도 있지만 여기에서는 급속한 사회 변화와 평균 수명 100세 시대에 근거해서 청소년 라이프 코디네이터의 미래 전망에 대해서 살펴보기로 한다.

1) 사회 변화

얼마 전부터인가 파리바게트와 뚜레쥬르가 과거의 빵집, 현재의 베이커리를 대체하고 있다. 어디를 가도 파리바게트가 있고 뚜레쥬르가 눈에 띈다. 뉴욕제과나 크라운 베이커리는 히스토리이고, 빵굼터나 다른 빵집 이름은 찾기가 힘들다. 이렇게 골목빵집이 대기업 계열 베이커리로 바뀐 것을 두고 말이 많다. 그러나 대기업 계열의 베이커리가 우리나라의 빵집을 점령하고 있는 이때에 새롭게 떠오르는 빵집들이 있다. 예컨대, 일명 홍대 빵집이다. 악토버, 퍼블리크, 브레드 05, 우스블랑, 폴앤드폴리나 등 다양한 빵집이 홍대 근처에서 성업 중이다. 이 빵집들은 대부분 지점도 없고 매장도 작은 편이지만 놀라운 매출을 올리고 있다. 동네 빵집이 모조리 파리바게트나 뚜레쥬르로 바뀌는 것과는 사뭇 다른 모습이다.

한편, 교육 분야에서는 맞춤형 사교육이 유행이다. 불경기 때문에 소규모 공부방이 인기를 끌기도 하지만 그보다는 소규모 학원이어야 학생에게 개인적 관심을 가져 주고 각각의 학생에게 맞는 수업을 해 줄 수 있기 때문이다.

이 둘은 거리가 멀어 보이지만 결국은 같은 이야기다. 즉, 사람들은 소품종 대량생산보다는 다품종 소량생산을 더 좋아한다는 것이다. 파리바게트나 뚜레쥬르가 가격 대비 빵의 질이 좋고 같은 빵을 어디서나 즐길 수 있어서 좋기는 하지만 시간이 지나면 그보다는 특색이 있는 흔하지 않은 빵을 더 원하게 된다는 것이다. 값이 다소 비싸도 말이다. 맞춤형 사교육도 마찬가지다. 처음에는 그 내용이나 방법이 동일해도 잘 가르친다고만 하면 학생들이 몰렸고, 공부하는 것은 학생의 몫이고 책임이라고 생각했다. 그러나 차츰 그보다는 자신에게 맞게 가르치는 학원을 선호하는 추세인데, 아무리 잘 가르친다고 해도 그것이 자신의 수준에 맞지 않으면 소용이 없다는 것을 깨달았기 때문이다. 따라서 유명 강사나 학원이 아니어도 자신에게 맞다면 좋다는 것이다.

이 이야기를 청소년 라이프 코디네이팅에 적용해 보자. 사회가 변함에 따라 청소년에게 필요한 것이 많아졌다. 그러나 필요한 것과 정도는 청소년마다 다르므로 이것을 감안해서 청소년을 도와주어야 한다. 그러나 현실은 그렇지 못한데 청소년 라이프 코디네이팅에서는 그것이 가능하다.

신나는 공부

맞춤 학습+생활관

초등 대상 소규모 학원… 학생관리로 어필

소규모 학원은 초등 자녀를 둔 맞벌이 부부에게 '자녀 생활관리를 책임진다' 는 점을 차별화된 강점으로 내세우기도 한다. 자녀의 학교 수업이 끝나는 오후 3시경부터 부모가 퇴근하는 오후 6, 7시까지 아이를 책임지고 관리해 준다는 것. 이 때문에 소규모 학원의 원장들은 학생 생활관리에 더욱 신경을 쓴다. 출결관리를 강화하고 원생의 상황을 학부모에게 수시로 문자메시지로 알리는 건 기본.

교육정보사이트 운영자 K 씨는 "일부 초등 대상 소규모 학원 원장은 돈을 많이 요구하는 인기강사보다는 명성이 떨어지더라도 학생들을 정성스럽게 밀착 관리해 주는 강사를 고용하기도 한다"면서 "강사에겐 아이들에게 과자, 아이스크림, 피자 등을 사 주며 좋은 인간관계를 유지하라고 지시하기도 한다"고 귀띔했다.

서울 강남구 대치동에서 중학생 대상 소규모 수학학원을 운영하는 Y 원장은 "원장이 직접 '엄마 역할'을 해 주는 학원이 학부모에게 인기가 높다. 실제로 수강생을 매일 관찰하다 보니 건강문제나 고민에 대한 상담까지 도맡는다. 학부모들이 이젠 공부 자체뿐 아니라 생활이나 인성에 대한 관심을 갖는 학원을 신뢰한다"고 말했다.

출처: 이태윤, (2013. 01. 23).

2) 평균수명 100세 시대

요즘 평균수명 100세 시대라는 말이 유행이다. 의학의 발달로 인간의 수명이 이제는 100세가 되었다는 것이다. 평균수명 100세 시대에는 그동안 인간이 고민하지 않았던 노년기 삶에 대한 관심이 많아진다. 어떻게 70대, 80대, 90대를 보낼 것인가? 그러나 이것을 달리 생각해 보면, 청소년기의 중요성이 더욱 부각됨을 알 수 있다. 즉, 100세까지 잘 살기 위해서는 청소년기에 미래에 대한 계획을 잘 세우고 청소년기를 잘 보내야 한다는 것이다. 이것이 평균수명 100세 시대가 우리에게 주는 교훈이다.

그리고 이것이 바로 청소년 라이프 코디네이터가 중요한 이유다. 지금까지 평균수명 100세 시대는 없었다. 따라서 시대를 제대로 맞이할 수 있게 도와주는 청소년 전문가 또한 없는 상황이므로 결국 청소년 라이프 코디네이터가 그 역할을 할 수밖에 없다는 것이다.

3) 청소년 라이프 코디네이터의 다양한 진로

청소년 라이프 코디네이터의 영역을 보면 학습, 진로, 여가, 문제와 같이 모두 청소년에게 필요한 것이다. 일차적으로는 청소년기관이나 사회복지기관 등에 청소년 라이프 코디네이터의 역할이 필요할 것이다. 예를 들어, 다양한 진로 프로그램이나 여가활동 프로그램이 여기에 포함될 수 있다. 또한 문제행동을 하는 청소년을 위한 프로그램도 있을 것이다. 학교에서는 진로, 여가, 문제를 포함할 뿐만 아니라 학습과 관련한 프로그램을 진행할 수도 있을 것이다. 청소년 라이프 코디네이터는 기존의 청소년 전문가와 달리 다양한 방법을 사용하고 이들을 접목하기도 할 것이다. 또한 진로나 학습에만 초점을 맞추는 것이 아니라 종합적으로 접근해서 시너지 효과를 낼 것이다. 이것이 청소년 라이프 코디네이터의 장점이고 전문성이다. 그리고 바로 이 점이 다른 청소년 전문가보다 청소년 라이프 코디네이터를 매력적으로 만든다.

이차적으로 청소년 라이프 코디네이터는 자격과 현장에서의 경험을 토대로 프리랜서로 일하거나 발달장애클리닉이나 상담실 같은 자신의 사무실을 운영할 수도 있다.

또한 청소년 라이프 코디네이터가 신생 직종이라는 점을 고려하면, 현재 우리가 생각하지 못한 진로가 있을 수도 있다. 이것은 어쩌면 당신의 몫일 수 있으며, 그것은 큰 즐거움이 될 수 있다. 오직 발전해 가는 분야에서만 경험할 수 있는 즐거움 말이다.

참고문헌

강윤정(2012). 뇌 들여다보기: 운동 코디네이터 '소뇌'. **Brain, 33**, 38-39.

이태윤(2013. 1. 22). [신나는 공부] 맞춤 학습 + 생활관리까지, 소규모 학원이 뜬다. **동아일보**.

제3장 청소년 라이프 코디네이터의 전문성

1. 청소년 라이프 코디네이터의 자질

청소년 라이프 코디네이터가 청소년 전문가로서 갖추어야 할 자질은 크게 인간적 자질과 전문적 자질로 나눌 수 있다. 우리는 흔히 전문적 자질을 갖추면 그 사람을 해당 분야의 전문가라고 생각하는 경향이 있다. 그러나 전문적 자질만 갖춘 전문가를 만났을 때, 우리는 대부분 무엇인가 부족한 것을 느끼게 된다. 더욱이 그 분야가 청소년 관련 분야라면 전문적 자질만을 갖춘 청소년 전문가에 대한 부담은 더욱 커진다. 청소년 분야의 전문가에게는 전문적 자질뿐만 아니라 인간적 자질도 반드시 필요하다. 이것은 상담이나 복지, 코칭 등 사람을 대하는 분야에서는 모두 필요한 중요한 자질이다.

청소년 라이프 코디네이터의 자질은 무엇일까? 이에 대한 해답을 명확하게 제시하는 것은 어렵고 그 방법 또한 다양하다. 그중 여기에서는 여러 청소년 전문가의 역할 분석을 통해 청소년 라이프 코디네이터의 자질을 파악해 본다.

우선 사회복지사의 경우, 일반 사회복지사보다는 청소년과 관련이 있는 학교사회복지사의 역할을 분석하는 것이 타당하다고 본다. 학교사회복지사의 직무역량을 K(knowledge, 지식), S(skill, 기술), A(ability, 능력)로 구분하고 이에 대한 세부직무를 소개하면 다음과 같다(안정선, 조성우, 2010). K에는 대상학생의 일반적 특성 이해, 청소년 및 아동인권에 관한 지식, 청소년 문화 및 보호활동, 아동 및 청소년정책에 대한 이해, 교육복지 정책 관련 사업에 대한 이해, 학생(청소년) 관련법과 교육정책 등이 있다. S에는 개별 상담 기술, 의사소통 기술(말하기, 경청하기), 대인관계 · 사회성 향상 기술, 심리검사, 모니터링, 지역사회조사, 사례관리, 프로그램 개발, 자기계발, 통합적 사회복지실천기술 활용 등이 있다. A에는 인간 존엄성에 대한 태도, 긍정적 태도, 수용적 태도, 전문가다운 문제해결 태도, 타인에게 친절, 학생들에 대한 공감적 이해 태도, 성실한 태도, 유연한 대인관계 등이 있다. 학교사회복지사의 직무역량을 분석해 보면 이것은 결국 학교사회복지사의 전문적 자질(지식과 기술)과 인간적 자질(여기서는 능력으로 표현됨)로 구성된 것을 알 수 있다.

청소년 현장에서 근무하는 청소년지도자가 생각하는 청소년지도자의 직무역량을 델파이 조사를 통해 추출한 결과, 동기부여, 자기통제, 존중, 예산관리, 프로그램 평가, 타인 육성 및 개발, 홍보, 문제해결력, 계획 수립 및 실행, 자발적 업무처리, 활동환경 조성능력, 정보 수집 및 관리, 주의환기, 책임성, 자기확신의 15개인 것으로 나타났다(장미, 2011).

상담자 역할의 경우, 일반적으로 심리상담, 지역사회 상담교육 및 예방, 심리 측정과 평가, 기업체 자문과 교육, 상담자 교육지도와 자문이 상담전문가의 역할이라고 인식하고 있다(최윤미, 2003). 그러나 청소년을 대상으로 하는 전문상담교사의 경우에는 기대역할로 자문활동, 조정활동, 생활지도 및 교육, 소집단상담 활동, 개인상담 활동을 고려하고 있고, 예상 역할로는 상담지원 체계 구축, 조정활동, 생활지도 및 교육, 발달촉진 상담활동, 교정상담활동을 생각하는 것으로 나타났다(금명자, 2007).

이를 토대로 청소년 라이프 코디네이터의 특성을 고려하면 다음과 같은 청소년 라이프 코디네이터의 인간적 자질과 전문적 자질을 생각해 볼 수 있다. 즉, 청소년 라이프 코디네이터의 인간적 자질로는 배려, 성실성, 지혜, 그리고 전문적 자질로는 청소년에 대한 이해, 프로그램 개발과 평가, 기본적인 상담 지식과 기술, 기타 영역을 고려해 볼 수 있다. 물론 청소년 라이프 코디네이터가 새로운 영역이므로 앞으로 청소년 라이프 코디네이터의 자질은 달라질 수 있지만, 지금 제시하는 자질은 간결하면서도 청소년 라이프 코디네이터에게 필요한 인간적 자질과 전문적 자질을 잘 대변해 준다고 할 수 있다.

1) 청소년 라이프 코디네이터의 인간적 자질(CAW)

청소년 라이프 코디네이터의 인간적 자질로 고려할 것은 매우 많다. 또한 사람마다 청소년 라이프 코디네이터의 인간적 자질을 똑같이 생각하지도 않을 것이다. 그럼에도 청소년 라이프 코디네이터에게 필요한 인간적 자질을 생각해 보면, 다음의 몇 가지로 정리할 수 있다.

(1) 배려

배려(care)는 도와주거나 보살펴 주려고 하는 마음이라는 사전적 의미를 가진다(네이버 사전). 그러나 배려는 사전적 의미 이상의 의미를 내포하는 개념으로 여러 학자가 배려라는 개념을 정의했다. 메이어오프(Mayeroff, 1971)에 따르면 배려는 상대방의 성장과 자아실현을 돕는 것이다. 그렇기 때문에 이 과정에서 사람들은 상대방이 스스로 잠재력을 발휘할 수 있다는 희망과 믿음을 가지게 되고 또한 그것이 발휘될 때까지 인내심을 가진다. 즉, 메이어오프의 배려는 지원, 신뢰, 인내, 기대와 같은 개념이 포함된다고 볼 수 있다. 벡(Beck, 1994)은 배려의 중요한 요소로 책임감을 들었다.

한편 배려에 대해 체계적인 연구를 많이 한 학자는 노딩스(Noddings)다. 노딩스 이전, 배려에 관한 연구를 한 학자는 도덕성을 배려의 측면에서 바라본 길리건(Gilligan)이다. 길리건은 콜버그(Kohlberg)가 도덕성을 사회적 정의를 중심으로 연구했기 때문에 성차가 발생했다고 보았다. 그리고 여성의 도덕성 발달을 배려로 접근하고자 했다. 노딩스는 배려에서 배려하는 사람과 배려받는 사람 사이의 관계를 중요하게 생각한다.

배려하는 사람의 특성을 연구한 학자는 많지 않다. 국내에서는 김민성, 엄채윤과 박은정(2009)이 배려하는 교사의 특성과 유형을 연구하였는데 배려하는 교사는 이해와 존중, 성장에 대한 믿음, 몰두하는 수업, 엄격함의 특성을 가지는 것으로 나타났다. 이해와 존중은 이해와 관심, 친구 같은 편안함, 공평을 포함하지만 이 중에서 이해와 관심이 대부분을 차지한다.

립맨(Lipman)의 배려적 사고의 개념적 정의는 다음과 같다. 배려적 사고의 하위 영역으로 가치부여적 사고(높이 평가하기, 가치 있게 여기기, 축하하기, 소중히 여기기, 감탄하기, 존중하기, 마음에 간직하기, 칭찬하기), 규범적 사고(요구하기, 의무 다하기, 강요하기, 적절히 하기, 강경하게 주장하기, 강하게 요구하기, 기대하기), 정서적 사고(좋아하기, 사랑하기, 길러 주기, 경의를 표하기, 화해하기, 친절하기, 격려하기), 감정이입적 사고(고려하기, 동정하기, 후원하기, 주의를 기울여 돌보기, 동조하기, 공감하기, 세심하게 주의를 기울이기, 진지해하기, 상상하기), 행동적 사고(조직하기, 참여하기, 관리하기, 실행하기, 구축하기, 공헌하기, 이행하기, 구하기)의 5개 영역이 있다(박은혁, 2011).

(2) 성실성

성실성(sincerity)은 성격의 5요인 중 하나로 널리 알려진 개념이다. 성실성은 신경증, 외향성, 개방성, 친화성과 더불어 인간 성격에서 핵심적인 요소다. 성실성은 일반적으로 사회 규칙, 규범, 원칙을 지키려는 정도를 나타내는데, 여기에는 자기유능감, 정돈, 책임, 성취지향, 자율, 신중의 6개 하위 영역이 있다(Costa & McCrae, 1985).

자기유능감은 자신이 능력이나 재능이 있고, 현명하고, 사려가 깊다고 지각하는 정도를 의미한다. 정돈은 단정하고 깔끔하고 정리를 잘하는 행동으로 표현되는데, 세심하고 꼼꼼하고 효율적이고 일의 진행이 정연한 것도 여기에 포함된다. 책임은 신뢰할 수 있고, 예의 바르고, 체계적이고, 주의 깊은 것으로 표현될 수 있다. 성취지향은 목표를 성취하고자 하는 열망을 가지고 열심히 일하는 것이다. 그렇기 때문에 성취지향적인 사람은 근면하고 목표가 뚜렷하고 진취적이고 끈기가 있으며 자신이 지금 인생에서 어디로 가고 있는지를 잘 안다. 자율은 주어진 과제가 지루하고 과제수행에 방해요인이 있다 해도 과제를 완수할 수 있는 능력을 의미한다. 자율적인 사람은 유능하고 꼼꼼하고 정력적이고 능률적이다. 신중은 행동하기 전에 매우 조심스럽게 생각하는 경향성이다. 신중한 사람은 무엇을 할 때 심사숙고하므로 이들은 매우 조심스럽고 논리적이고 성숙하다. 성실한 사람은 체계적이고 믿음직하고 근면하고 시간을 잘 지키고 정돈되어 있고 야망이 크다는 특징을 가진다.

(3) 지혜

지혜(wisdom)는 오래전부터 관심의 대상이 되어 온 주제임에도 주로 철학적으로만 접근이 이루어지고 심리학적인 접근은 최근에서야 이루어졌다. 심리학에서는 에릭슨(Erikson)이 이에 대해 언급하였는데, 심리사회적 발달단계 중 마지막 단계에서 당면한 과제를 잘 해결하면 자아통합을 이루게 되는데 지혜는 이때 나타나는 것이라고 했다. 그러나 에릭슨은 지혜를 설명하기는 했지만 지혜를 개념적으로 정의하지는 않았다. 에릭슨 이후 지혜에 대한 연구는 발테스(Baltes) 등이 그 맥을 이어 갔다. 이들은 지혜를 5개 요인으로 개념화했다. 지혜의 5개 요인은 인생 본성과 인생 여정에 대한 사실적 지식, 인생의 많은 맥락을 자각하고 이해하는 인생 맥락적 사고, 개인, 사회, 문화에 따라 중요성과 인생 우선순위에서 차이가 있음을 아는 상대주의적 사고, 자기 자신의 지식의 한계를 포함하여 불확실성을 다루는 것에 대한 지식인 불확실성의 인식이다

(Baltes & Staudinger, 2000). 그러나 이들도 지혜를 경험적인 맥락에서 접근하지는 않았다.

한편 지혜를 측정 가능한 개념으로 보고 연구한 학자로는 웹스터(Webster, 2003), 아델트(Ardelt, 2003) 등이 있다. 우리나라에서는 김민희와 민경환(2011)이 한국판 지혜척도를 개발한 바 있다. 여기에서는 지혜에 인지적 역량, 절제와 균형, 긍정적 인생태도, 공감적 대인관계의 4개 요인이 있는 것으로 나타났다. 전병옥과 한기순(2012)은 지혜를 상황판단 및 문제해결력, 의사소통 능력 및 기술, 정서적 안정감, 통찰과 적응의 4개 요인으로 보았다.

2) 청소년 라이프 코디네이터의 전문적 자질[1]

청소년지도사, 청소년상담사, 사회복지사 등 다른 청소년 전문가의 역할을 토대로 청소년 라이프 코디네이터의 전문적 자질을 살펴보면 크게 청소년에 대한 이해, 프로그램 개발과 평가, 기본적인 상담 지식과 기술, 기타 영역으로 나누어 볼 수 있다.

(1) 청소년에 대한 이해

청소년 라이프 코디네이터는 청소년 전문가이므로 청소년에 대한 이해

1) 청소년 라이프 코디네이터의 전문적 자질 중에서 지식과 기술에 관한 구체적인 내용은 4, 5, 6, 7장에서 자세하게 다룰 것이다. 여기에서는 청소년 라이프 코디네이터의 전문적 자질을 큰 틀에서 포괄적으로만 제시한다.

가 있어야 하는 것은 당연한 일이다. 청소년에 대한 이해에서는 청소년의 심리적 특성이 가장 중요하며, 그 외에도 청소년 관련 법과 행정, 청소년 문화, 청소년 문제 등 청소년과 관련된 여러 주제가 포함될 수 있다.

(2) 프로그램 개발과 평가

프로그램 개발과 평가는 청소년지도사, 청소년상담사, 사회복지사에게 모두 공통으로 필요하나 특히 청소년지도사가 갖추어야 할 자질이다. 청소년지도사가 청소년을 지도할 때 사용하는 가장 중요한 수단이 프로그램이기 때문이다. 프로그램 개발에는 프로그램과 관련한 모든 과정이 포함된다. 즉, 요구분석, 프로그램 기획, 프로그램 개발, 프로그램 실시, 프로그램 평가 등이 모두 여기에 포함된다.

(3) 기본적인 상담 지식과 기술

상담은 청소년상담사의 주된 역할이나 청소년 라이프 코디네이터에게도 중요한 자질이다. 여기에서 의미하는 상담은 일반적으로 전문적인 상담을 하는 데 필요한 모든 지식과 기술을 포함한다. 그러나 코디네이팅은 문제의 심각도가 큰 청소년을 대상으로 하기보다는 그 심각도가 다소 적은 청소년을 대상으로 하기 때문에 청소년 코디네이터에게 필요한 상담 지식과 기술은 어떤 의미에서는 단편적일 수 있다. 그렇다고 상담 지식과 기술을 익히지 않아도 된다는 의미는 아니다. 청소년 라이프 코디네이팅이 복합적인 활동을 포함하고 있기 때문에 상담의 기본기술과 각 상담이론에서 적용되는 대표적인 기술을 익혀야만 상황에 맞는 접근법을 활용할 수 있다.

(4) 기타 영역

앞서 언급한 세 가지 자질은 청소년 라이프 코디네이터의 대표적인 전문적 자질이다. 그 외에 많은 전문적 자질이 청소년 라이프 코디네이터에게 필요하나 이것을 일일이 제시하는 것은 어렵기 때문에 기타 영역으로 표현했다. 그중 하나만 설명하면 코디네이팅 기술이 될 것이다. 청소년 라이프 코디네이팅에서는 상담, 활동, 컨설팅, 코칭, 멘토링 등을 청소년 라이프 코디네이팅의 방법으로 본다. 이들은 이미 각각 고유의 영역과 방법을 가지고 발전해 왔는데 이를 방법으로 활용하기 위해서는 코디네이팅 기술이 필요하다. 또한 진로, 학습, 여가, 문제 등의 영역을 구분하지 않고 종합적으로 접근하기 위해서도 코디네이팅 기술이 필요하다.

3) 나는 얼마나 좋은 청소년 라이프 코디네이터인가

(1) 청소년 라이프 코디네이터의 인간적 자질 알아보기

청소년 라이프 코디네이터의 인간적 자질은 배려, 성실성, 지혜의 측정을 통해 점검해 볼 수 있다. 다음 체크리스트를 이용하여 간단하게나마 알아볼 수 있는데, 배려는 박은혁(2011), 성실성은 코스타와 매크레(Costa & McCrae, 1985), 지혜는 웹스터(Webster, 2003), 아델트(Ardelt, 2003), 김민희와 민경환(2011), 전병옥과 한기순(2012)의 도구를 기초로 재구성한 것이다.

	전혀 아니다	아니다	보통이다	그렇다	매우 그렇다
점수	1	2	3	4	5

1	조직하고 체계화하는 일은 중요하다.	1	2	3	4	5
2	나는 정확하고 빠른 상황 판단을 내린다.	1	2	3	4	5
3	일상적인 과제에 대해서도 내가 다른 사람보다 더 잘해야 한다고 생각한다.	1	2	3	4	5
4	나는 문제해결능력이 있다.	1	2	3	4	5
5	나는 다른 사람을 신뢰하고 존중한다.	1	2	3	4	5
6	목표를 달성하기 위해 집중하려고 노력한다.	1	2	3	4	5
7	나는 다양한 관점에서 볼 줄 안다.	1	2	3	4	5
8	나는 다른 사람이 규칙을 지키도록 요구한다.	1	2	3	4	5
9	다른 사람에게 예의 바르게 행동한다.	1	2	3	4	5
10	내가 가진 것을 다른 사람과 기꺼이 나누려고 한다.	1	2	3	4	5
11	무슨 일을 내 마음에 들게 제대로 하려면 시간이 오래 걸린다.	1	2	3	4	5
12	나는 세상 돌아가는 이치에 대해 잘 알고 있다.	1	2	3	4	5
13	다른 사람이 잘해 낼 수 있다고 격려한다.	1	2	3	4	5
14	업무를 효과적으로 잘 처리한다.	1	2	3	4	5
15	나는 실수를 되풀이하지 않는다.	1	2	3	4	5
16	내가 하는 모든 일에서 뛰어난 사람이 되려고 노력한다.	1	2	3	4	5
17	나는 어떤 문제를 한 발짝 물러서서 생각할 수 있다.	1	2	3	4	5
18	다른 사람이 힘든 일을 끝까지 해내도록 격려하고 지원한다.	1	2	3	4	5
19	친구가 실패에 대한 두려움을 가지고 있을 때 용기를 북돋아 준다.	1	2	3	4	5
20	두 번 일을 할 필요가 없도록 일을 신중하게 처리하려고 노력한다.	1	2	3	4	5
21	지나친 욕심을 부리지 않는다.	1	2	3	4	5
22	어떤 행동을 할 때 상대방의 기분을 고려한다.	1	2	3	4	5
23	다른 사람의 요구를 민감하게 알아차리고 즉각적으로 행동한다.	1	2	3	4	5
24	스스로에게 엄격하다.	1	2	3	4	5
25	대부분의 사람보다 목표를 높게 잡는다.	1	2	3	4	5
26	나는 자기계발과 향상을 위해 노력한다.	1	2	3	4	5
27	자신을 자주 돌아본다.	1	2	3	4	5
28	내가 항상 잘하지 못하면 사람들은 나를 존중하지 않을 것이다.	1	2	3	4	5
29	내가 맡은 일을 즐기면서 한다.	1	2	3	4	5
30	다른 사람이 나를 위해 한 일에 대해 고마워한다.	1	2	3	4	5

▶ 점수해석

CA(배려)	2+4+7+12+15+17+21+26+27+29 35점 이상: 배려심이 많음, 25~34점: 중간, 24점 이하: 배려심이 부족함
SI(성실성)	1+3+6+11+14+16+20+24+25+28 35점 이상: 매우 성실함, 25~34점: 중간, 24점 이하: 성실하지 않음
WI(지혜)	5+8+9+10+13+18+19+22+23+30 35점 이상: 지혜가 많음, 25~34점: 중간, 24점 이하: 지혜가 부족함

(2) 청소년 라이프 코디네이터의 전문적 자질 알아보기

청소년 라이프 코디네이터로서의 전문적 자질을 갖추고 있는지에 대해서는 다음의 체크리스트를 통해 알아볼 수 있다.

내용	세부 내용	상	중	하
청소년에 대한 이해	청소년의 발달적 특성			
	청소년과 환경			
	청소년 문제행동			
	청소년 문화			
	청소년 관련 법과 정책			
프로그램 개발과 평가	요구분석			
	프로그램 기획			
	프로그램 설계			
	프로그램 실시			
	프로그램 평가			
	홍보 및 마케팅			
기본적인 상담 지식과 기법	의사소통기술			
	호소문제 파악(진단, 평가)			
	상담계획 및 사례관리			
	상담이론에 대한 지식			
기타 영역	코디네이팅 기술			

2. 청소년 라이프 코디네이터의 윤리적 소양

청소년 라이프 코디네이터의 경우, 인간적 자질과 전문적 자질을 갖추었다면 청소년 전문가로서 활동하는 데는 큰 무리가 없다. 그러나 여기에서 한 가지 더 고려해야 할 것이 있는데, 그것은 청소년 라이프 코디네이터의 윤리적 소양에 관한 것이다. 윤리적 소양은 청소년 라이프 코디네이터의 인간적 자질이나 전문적 자질에 포함하여 논할 수도 있지만 이는 대단히 중요한 문제이기 때문에 따로 나누어 논의하고자 한다.

전문가가 갖추어야 하는 윤리적 소양은 대부분 윤리강령의 형태로 구체화되어 있다. 대부분의 전문직에서는 윤리강령을 제시하고 있는데, 여기에는 전문가로서 그들이 지켜야 할 책무라든가 행동규칙 등을 포함하고 있다. 이와 같은 맥락에서 교사, 간호사, 건축가, 변호사, 사회복지사, 의사, 상담사(청소년상담사, 직업상담사 등) 등 전문직에서는 윤리강령을 만들어 각 전문직 종사자가 이를 준수할 것을 요구하고 있다. 이런 맥락에서 볼 때 청소년 라이프 코디네이터의 경우에도 청소년 라이프 코디네이터 윤리강령이 필요하다.

청소년 라이프 코디네이터는 새로운 청소년 전문가이므로 아직 구체적인 윤리강령이 제시된 바 없다. 그러나 다른 청소년 관련 전문가의 윤리강령을 살펴봄으로써 청소년 라이프 코디네이터의 윤리강령에 대한 아이디어를 고려해 볼 수 있을 것이다. 다음에서는 여러 청소년 관련 전문가의 윤리강령을 소개하고, 이를 종합 · 분석한 후 청소년 라이프 코디네이터의 윤리강령을 제시하고자 한다.

1) 다른 청소년 전문가의 윤리강령

(1) 청소년지도사 윤리강령

영국의 NYA(National Youth Agency) 윤리규정에서는 청소년지도사의 윤리강령을 다음과 같이 제시하고 있다(Roberts, 2009).

① 청소년을 존중하라.
② 청소년의 선택을 촉진하라.
③ 청소년의 복지와 안전을 보장하라.
④ 청소년을 위한 사회적 정의를 찾으라.
⑤ 청소년지도에서 전문가로서의 경계를 유지하라.
⑥ 청소년지도에 책임을 지라.
⑦ 청소년지도에서 유능감을 획득하라.
⑧ 청소년지도에서 윤리적 실행을 촉진하라.

(2) 사회복지사 윤리강령

사회복지사의 윤리강령은 전문과 윤리기준으로 구분되어 있다. 윤리기준에는 사회복지사의 기본적 윤리기준, 사회복지사의 클라이언트에 대한 윤리기준, 사회복지사의 동료에 대한 윤리기준, 사회복지사의 사회에 대한 윤리기준, 사회복지사의 기관에 대한 윤리기준이 포함되어 있다

(자세한 내용은 〈부록〉 참조).

(3) 청소년상담사 윤리강령

청소년상담사 윤리강령은 전문, 목적, 청소년상담사로서의 전문적 자세, 비밀보장, 슈퍼비전과 심리검사, 지역사회 참여 및 제도 개선에 대한 책임, 상담기관 설립 및 운영, 연구 및 출판, 청소년상담사 윤리위원회로 구성되어 있다(자세한 내용은 〈부록〉 참조).

(4) 코치 윤리강령

코치의 경우에는 다른 전문직과 달리 윤리강령과 윤리규칙 그리고 윤리규정에 대한 맹세가 있다. 윤리규칙은 제4장 제10조로 구성되어 있다. 제1장에는 기본윤리, 제2장에는 코칭에 관한 윤리, 제3장에는 직무에 대한 윤리, 제4장에는 고객에 대한 윤리가 포함되어 있다(자세한 내용은 〈부록〉 참조).

2) 청소년 라이프 코디네이터 윤리강령

청소년 라이프 코디네이터는 청소년상담사, 사회복지사, 코치 등과는 달리 청소년 전문가 분야에서 이제 막 데뷔를 한 청소년 전문가다. 그렇기에 이들 청소년 전문가처럼 윤리강령을 제시하는 데에는 한계가 있다. 그보다는 청소년 라이프 코디네이터의 윤리강령이 이러한 방향이어야 한다는 정도를 제시하는 것이 지금으로서는 최선이라고 본다. 또한 영국 청소년지도사의 윤리강령을 볼 때, 청소년 전문가의 윤리강령이 반드시 구체적이고 포괄적으로 모든 것을 다 담아야 하는가에 대한 의문이 든다. 오히려 간단명료하면서도 핵심적인 내용을 윤리강령으로 제시하는 것이 더 효과적일 수 있을 것이다.

이러한 내용을 고려하여 이 시점에서는 청소년 라이프 코디네이터의 윤리강령을 다음과 같이 제시하고자 한다.

① 청소년을 존중한다: 청소년 라이프 코디네이터는 청소년을 무한한 가능성과 잠재력을 가진 존재로 인식한다. 그러므로 청소년의 사고, 감정, 행동을 존중한다. 청소년의 자발성을 촉진하여 청소년이 스스로 무엇을 하도록 지원한다.

② 청소년 라이프 코디네이팅에 최선을 다한다: 청소년 라이프 코디네이터는 청소년 라이프 코디네이팅에 성실한 자세로 임한다. 청소년의 성장과 발전을 위해 책임을 진다는 각오를 가지고 최선을 다한다.

③ 청소년 라이프 코디네이팅에 대한 전문성을 가진다: 청소년 전문가로서 청소년 라이프 코디네이팅에 임한다. 이것은 청소년 라이프 코디네이터가 자신의 역할에 대한 전문성을 가져야 한다는 것을 의미한다. 또한 청소년 전문가로서 지켜야 할 윤리적 행동과 태도를 취할 것을 의미한다.

참고문헌

금명자(2007). 전문상담교사의 학교상담자 역할에 대한 기대와 예상의 차이. **한국심리학회지: 상담 및 심리치료**, 19(4), 843-861.

김민성, 엄채윤, 박은정(2009). 중학생이 인식하는 '배려하는 교사'의 특성 및 유형 분석. **한국교원교육연구**, 26(2), 145-173.

김민희, 민경환(2011). 한국판 지혜 척도의 개발 및 타당화. **한국심리학회지: 일반, 30**(4), 1231-1253.

박은혁(2011). 청소년용 배려적 사고 척도개발 및 타당화. 명지대학교 대학원 박사학위 논문.

안정선, 조성우(2010). 교과과정 개선을 위한 학교사회복지사 직무분석. **학교사회복지, 19**, 1-35.

장미(2011). 청소년지도자 직무역량 척도개발에 관한 연구. **청소년문화포럼, 28**, 113-144.

전병옥, 한기순(2012). 초등 영재아동을 위한 자기보고식 지혜 척도 개발. **영재교육연구, 22**(2), 427-450.

최윤미(2003). 한국상담전문가의 역할과 직무분석. **한국심리학회지: 상담 및 심리치료, 15**(2). 179-20.

Ardelt, M. (2003). The measurement of wisdom: A commentary on Taylor, Bates, and Webster's comparison of the SAWS and 3D-WS. *Experimental Aging Research, 37*(2), 241–255.

Baltes, P. B., & Staudinger, U. M. (2000). Wisdom: A metaheuristic (pragmatic) to orchestrate mind and virtue toward excellence. *American Psychologist, 55*(1), 122-136.

Beck, L. G. (1994). *Reclaiming educational administration as a caring profession*. New

York: Teacher College Press.

Costa, P. T., & McCrae, R. R. (1985). *The NEO personality inventory manual*. Odessa, FL: Psychological Assessment Resources.

Mayeroff, M. (1971). *On caring*. New York: Harper & Row.

Roberts, J. (2012). **청소년 활동 윤리**(김옥순, 조아미, 신인순 공역). 파주: 양서원. (원저는 2009년 출간)

Webster, J. D. (2003). An exploratory analysis of a self-assessed wisdom scale. *Journal of Adult Development*, 10(1), 13-22.

청소년상담사, http://www.youthcounselor.or.kr

한국사회복지사협회, http://www.welfare.net

한국코치협회, http://www.kcoach.or.kr

제2부

청소년 라이프 코디네이팅의 과정과 방법

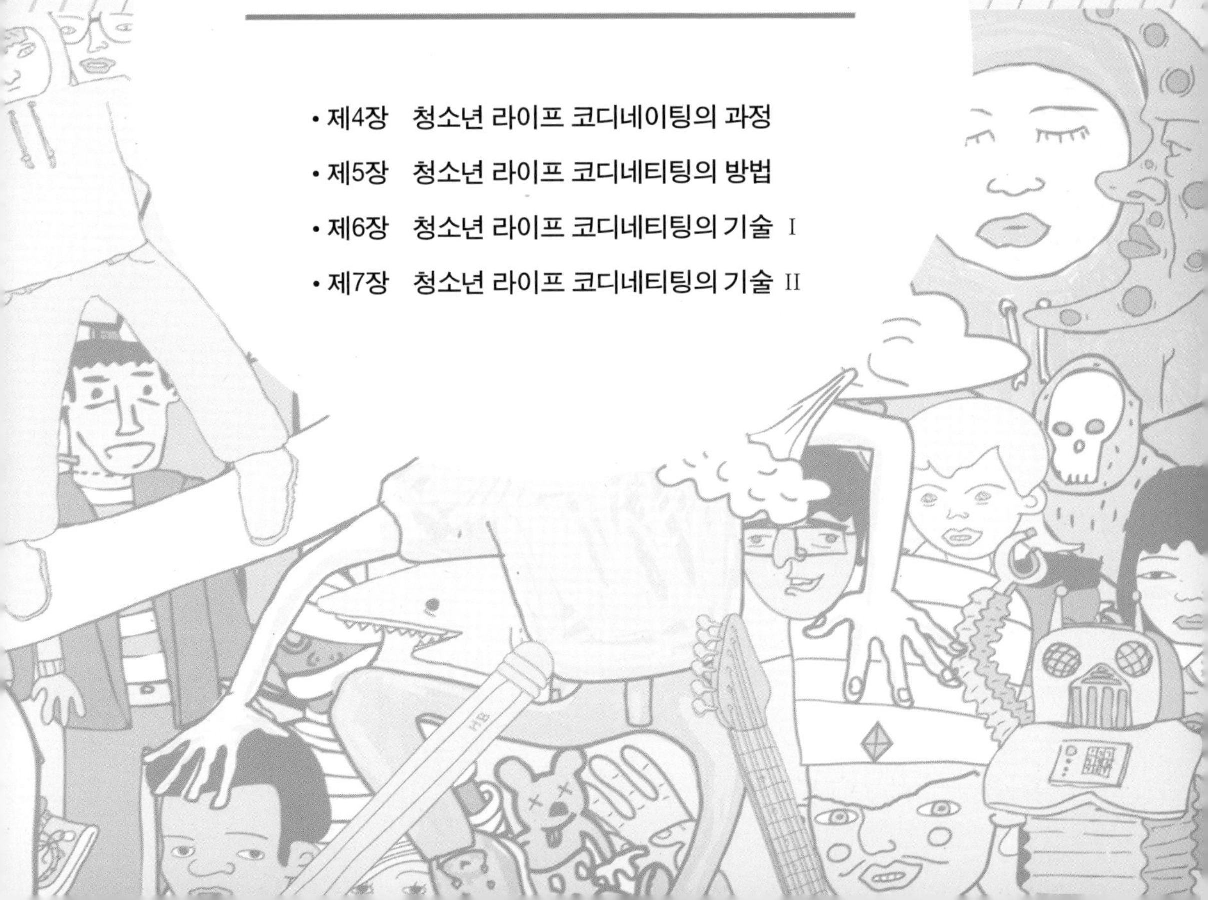

제4장 청소년 라이프 코디네이팅의 과정

성공적인 청소년 라이프 코디네이팅을 이끌어 내기 위해서는 무엇보다 과정이 매끄럽게 흘러가야 한다. 이 장에서는 성공적으로 코디네이팅을 이끌어 가는 과정을 단계적으로 살펴보고자 한다. 일반적으로 코디네이팅은 '진단 및 분석, 설계, 실행, 평가'라는 4단계를 거치게 된다. 이를 도식으로 나타내면 [그림 4-1]과 같다.

진단(diagnosis) 및 분석(analysis)	사전면접, 심리검사 및 분석, 면접 - 코디네이팅의 방향 설정, 합의
↓	
설계(planning)	목표설정, 계획하기 - 코디네이팅의 구체적 계획
↓	
실행(practice, action)	실천하기, 반복하기 - 코디네이팅의 실행
↓	
평가(evaluation)	목표달성도 평가, 취약한 부분 확인, 네트워크 확인 - 코디네이팅의 평가

그림 4-1 청소년 라이프 코디네이팅의 과정

1. 진단 및 분석

진단(diagnosis) 및 분석(analysis) 단계에서는 청소년이 원하는 것을 듣고 문제를 분류 · 명명하여 문제의 실체를 객관화하는 작업을 수행하게 된다. 이 단계에서의 정확한 진단은 청소년이 가진 문제를 이해하고 적절한 개입전략을 선정하도록 돕고, 코디네이팅을 계획하는 데 도움을 줄 수 있다. 코디네이터는 청소년의 문제를 단편적으로 확인하는 것이 아닌 여러 부분으로 나누어서 그 속에 담긴 다양한 측면이나 요소를 추출하여 그들의 상호관계를 파악하고 종합하여야 한다. 이러한 분석을 통해서 청소년의 문제와 욕구를 더욱 자세히 살펴볼 수 있고 청소년을 둘러싼 문제상황을 다양한 환경과 연관 지어 생각해 볼 수 있기 때문이다.

이 단계의 구체적인 목표는 '면접 및 심리검사를 통해 파악된 청소년의 문제를 다양한 요소로 분해하고 주요 개념을 발견함으로써, 문제를 해결하기 위한 토대를 마련하는 것'이다. 이 단계에서는 청소년의 전반적인 특성과 기능 수준을 파악하고 청소년의 성장과 문제해결에 도움이 될 수 있는 내 · 외적 자원을 구체적으로 살펴보는 제반 활동을 포함한다. 구체적으로 사전면접, 심리검사 및 분석, 면접이라는 절차를 따를 수 있다.

1) 사전면접

사전면접에서는 청소년이 코디네이팅을 신청하게 된 계기를 파악하고 청소년의 가정환경, 성장배경 및 발달력 등을 파악해야 한다. 이 과정에서 청소년의 언어표현 양식이나 태도 등을 동시에 관찰하여야 한다. 사전면접을 통해 코디네이터는 청소년에게 필요한 심리검사가 무엇인지를 결정할 수 있다.

2) 심리검사 및 분석

사전면접이 완료된 이후에는 각종 심리검사와 그에 대한 분석이 이루어진다. 코디네이팅에서는 청소년을 종합적으로 분석하기 위해 각종 성격검사, 흥미검사, 진로검사, 학습검사 등을 실시한다. 청소년에 대한 전반적인 이해를 돕기 위한 검사로는 MBTI, 애니어그램, U & I 성격 검사, 다중지능 검사가 이루어지고, 진로 코디네이팅이나 학습 코디네이팅 등의 개별 코디네이팅 과정에 필요한 추가 검사는 홀랜드 진로발달 및 탐색 검사, 학습습관 검사 등이 있다. 다양한 검사를 실시한 후, 분석결과에서 일관성이 떨어질 경우에는 심층적인 면접을 통해 청소년에 대한 탐색을 추가로 실시하여야 한다.

3) 면접

사전면접과 심리검사가 완료된 이후에는 그 결과를 토대로 향후 코디네이팅의 방향을 설정하게 되고 이를 청소년과 학부모에게 전달하여야 한다. 코디네이터는 청소년이 스스로 자신의 상황을 인식하고 이해하도록 도움으로써, 진단과정에서 발견된 문제를 효과적으로 해결할 수 있는 방안을 모색하기 위한 토대를 마련해야 한다. 다시 말해 면접은 코디네이팅 내용을 설계하기 전에 청소년과 코디네이터 사이에 방향에 대한 합의가 이루어지는 과정이라고 볼 수 있다.

2. 설계

청소년에 대한 진단과 분석이 완료된 후에는 설계(planning) 단계에서 코디네이팅의 목표를 설정하고 내용을 구성하는 작업을 구체화하여야 한다. 특히 목표를 명확하게 설정하는 것이 중요한데 이는 코디네이팅의 내용을 구성하는 데 있어서 방향을 명확히 제시해 주고 청소년에게 코디네이팅의 의도를 분명하게 전달하도록 돕기 때문이다. 뿐만 아니라 명확한 목표는 향후 코디네이팅의 결과를 평가하는 데에도 큰 도움을 준다.

목표 및 목표 설정: 상황, 대상, 내용, 의도로 구분

↓

내용 선정

↓

효과적인 전략과 기법, 방법 설정

↓

평가 구성

그림 4-2 청소년 라이프 코디네이팅의 설계과정

목표를 설정한 이후에는 코디네이팅의 내용을 구성하고, 효과적인 방법을 설정하며 결과를 평가하기 위한 평가틀을 구상해야 한다. 설계 단계에서는 청소년의 참여가 필요한데, 청소년의 발달 특성에 따라 설계 작업에 참여하는 정도는 다를 수 있다. 예를 들어, 초등학생의 경우에는 코디네이터가 설계한 후, 청소년과 내용을 공유하는 형태가 바람직하다. 그러나 고등학생 청소년의 경우에는 설계 단계에서 청소년의 의견을 반영하여 내용을 구성할 수 있다.

1) 목적 및 목표 설정

목표는 코디네이팅 속에서 청소년이 변화되는 행동 영역에 근거하여 진술하여야 한다. 이 영역은 크게 인지적, 정의적, 신체운동적 행동 특성의 세 가지로 분류할 수 있다. 코디네이터는 진단과 분석 단계에서 도출된 청소년의 문제 상황을 해결하기 위한 목표를 명확히 설정하되, 우선순위를 두어 달성할 목표를 단계적으로 설정해야 한다. 즉, 심리검사 결과에만 의존하는 것이 아닌 청소년이나 부모와의 면접내용(성격, 욕구 등)도 충분히 참조하여 종합적인 목표를 설정하되, 단기 목표와 장기 목표로 구분하고 이를 순차적으로 달성할 수 있도록 설정해야 한다는 것이다. 목표를 단계적으로 설정하는 것은 목표를 달성하는 순간에 청소년에게 성취감을 줄 수 있을 뿐만 아니라 차기 목표에 대한 동기를 부여하는 데에도 효과적이다.

2) 내용 선정

코디네이팅의 내용은 목표를 반영하는 것으로서 목표를 실현하기 위한 구체적인 전략과도 같다. 내용의 종류와 분량은 청소년의 특성에 맞게 선정하여야 하는데 특히 청소년의 연령이나 발달 단계, 욕구, 내적·외적 자원 등을 고려하여야 한다. 코디네이팅의 내용을 설정하는 데 있어서 청소년의 생물적 특성이나 교육적 수준, 욕구 등이 반영되지 않는다면 코디네이팅을 성공적으로 수행하기 어렵기 때문이다. 세부 내용은 사전에 설정된 목표에 따라 설계하여야 하고, 목표와 마찬가지로 내용 또한 단계에 맞게 설계하여야 한다.

3) 효과적 전략과 기법, 방법 설정

코디네이팅의 내용이 선정된 이후에는 이를 어떻게 효과적으로 전달할 것인지에 대한 방법을 고려하여야 한다. 코디네이팅은 코디네이터와 청소년 간의 일대일 관계에 기초하여 진행되는 경우가 많기 때문에 긍정적인 관계를 형성하는 것이 매우 중요하다. 코디네이터는 청소년이 적극적으로 참여할 수 있도록 자기주도성을 촉진하여야 하고 코디네이터와 청소년이 상호 협력하여 코디네이팅을 진행할 수 있도록 지도해야 한다. 코디네이팅은 상담과 청소년활동이 접목된 형태의 지도방법을 활용하기 때문에 회기별 내용에 따라서 적절한 방법을 선택해야 한다. 특히 코디네이팅은 청소년을 대상으로 하기 때문에 체험형 교육이 필수적이고 다양한 매체의 활용이 필요하다. 즉, 청소년의 특성에 맞게 각 회기별로 적절한 방법을 선정해야 한다는 뜻이다. 코디네이터는 멘토링, 상담, 활동 등의 다양한 방법을 활용하여 코디네이팅을 설계하되, 개인적 차이에 따라 컨설팅적인 요소를 포함할 수도 있다.

4) 평가틀 구성

평가는 목표달성의 여부를 판단하는 것으로서 설계 단계에서는 평가를 어떠한 방식으로 진행할 것인지에 대한 고려가 이루어진다. 평가틀은 평가의 범위와 방법이 구체적으로 명시되어야 하는데 구체적으로는 평가모형, 평가 대상, 정보 수집방법, 정보 분석방법, 일정 등을 포함하여야 한다. 평가틀이 설계 단계에서 구체적으로 설정된다면 코디네이팅을 성공적으로 실행하는 데 큰 도움이 될 것이다.

3. 실행

실행(practice, action) 단계는 설계된 내용을 코디네이터와 청소년이 함께 체계적으로 달성해 가는 과정을 의미한다. 실행 단계는 코디네이팅에서 가장 중심이 되는 단계로서 코디네이팅의 구체적인 내용이 전개된다. 여기에서는 코디네이팅을 어떻게 실행하고 운영해야 하는가에 초점을 두고 청소년의 활동을 촉진 · 지원할 수 있는 방안에 대해 기술하고자 한다.

1) 초기: 오리엔테이션, 라포 형성

코디네이팅이 설계한 대로 원만하게 진행되느냐의 여부는 초기 단계에 달려 있다고 해도 과언이 아니다. 초기 단계에서는 코디네이터와 청소년이 라포를 형성하고, 코디테이팅의 향후 일정에 대해 합의하는 것이 중요하다. 따라서 초기 단계에는 코디네이터와 청소년 간에 라포를 형성할 수 있는 내용을 반드시 포함하여야 한다. 간단하게 예를 들면 다음과 같다.

코디네이터-청소년 간 라포 형성 프로그램

(예시) 주사위 대화, 무슨 색깔일까? 등

① 주사위 대화

→ 주사위 6면에 좋아하는 음식, 영화, 책 등을 적은 스티커를 부착하고, 번갈아 가며 주사위를 던져 해당되는 영역에 대한 이야기를 한다.

② 무슨 색깔일까?

→ 자신의 감정, 고민, 대인관계 등을 색깔에 비유하여 이야기하며 자신을 소개하는 프로그램이다. 예를 들어, "요즘 저의 감정은 노란색과 같아요. 그 이유는 학원에서 새로운 친구들을 만나서 기분이 좋기 때문입니다."와 같다.

라포 형성을 위한 준비 이외에도 코디네이팅의 향후 일정을 설명하기 위한 오리엔테이션 자료를 준비하여야 한다. 이 단계에서는 청소년이 코디네이팅 내용에 대해 이해하도록 돕고 자신이 수행해야 하는 과제와 역할에 대해 충분히 인지할 수 있도록 설명해야 한다. 간혹 성실하게 참여하겠다는 다짐서나 서약서 등이 필요한 경우도 있다.

2) 중기: 실천, 역할 수행

코디네이팅의 실행에서 중기 단계는 핵심적인 내용이 다루어지는 단계로서 다양한 기술이 펼쳐진다. 중기 단계에서는 청소년이 적극적이고 지속적으로 코디네이팅에 참여하도록 유도해야 한다. 특히 청소년의 욕구를 반영하여 체계적으로 지도하도록 노력하고, 목표에 따른 과제를 청소년에게 명확하게 부여하는 것이 필요하다.

3) 후기: 종료 준비

후기 단계는 코디네이팅에서 전개된 내용을 코디네이터와 청소년이 서로 피드백하고 평가하는 단계다. 이 단계는 코디네이팅의 종결을 준비하는 단계로서 코디네이팅에 대한 일부 평가가 이루어지고, 청소년에게 다른 도움이 필요한지 혹은 다른 욕구가 있는지 등에 대한 판단이 이루어진다. 다시 말해, 청소년이 코디네이팅을 안전하게 종료할 수 있는지에 대해 점검하는 단계로서 청소년에게 다른 도움이 필요하다고 판단될 시에는 진단 및 분석 단계로 다시 연결하여 새로운 코디네이팅을 실시할 수 있다.

4. 평가

진단 및 분석, 설계, 실행 단계를 거쳐서 코디네이팅을 안전하게 종료할 수 있다고 판단될 시에는 평가(evaluation) 단계로 연결된다. 이 단계는 코디네이팅에서 전개된 내용을 코디네이터와 청소년이 최종으로 피드백하고 평가하는 단계로서 코디네이팅의 가치를 부여하고 비판점을 검토하는 것이 중요하다. 평가 단계는 총 2단계의 평가로 구성되는데, 이 단계에서 논의되는 내용은 주로 다음과 같다.

1) 1단계 평가

1단계 평가에서는 사전에 계획된 평가틀에 기초하여 코디네이팅을 평가하게 되는데 무엇보다 코디네이팅의 효과에 대해서 코디네이터와 청소년이 서로 공유하는 작업이 중요하다. 이 단계에서는 구성된 평가틀에 기초하여 코디네이팅의 결과를 진단하고 분석하게 된다. 이를 위해 청소년에게 첫 회기와 마지막 회기에 동일한 질문지를 작성하도록 하고 이를 비교 · 분석해 보는 방법을 활용할 수 있다. 그리고 별도의 검사지를 통해 청소년의 변화를 측정해 볼 수도 있으며, 청소년과 부모를 면담하여 코디네이팅 과정을 통해 청소년이 성장하게 된 부분에 대해 함께 토론해 볼 수도 있다.

2) 2단계 평가

2단계 평가에서는 코디네이팅을 통해 변화된 청소년의 인식이나 행동이 지속적으로 유지될 수 있도록 동기를 부여하는 작업이 수행된다. 이 단계에서는 변화된 행동을 지속하게 될 때 청소년이 얻게 되는 유익을 함께 생각해 보거나, 청소년의 미래의 모습을 그려 보는 등의 작업(예: 인생그래프)을 할 수 있다. 모든 작업이 완료된 이후, 청소년에게 다른 도움이 필요하지 않다면 진로 코디네이팅을 안전하게 종료한다.

제5장 청소년 라이프 코디네이팅의 방법

청소년 라이프 코디네이팅은 청소년이 성장과정에서 겪게 되는 다양한 환경에 더욱 능동적으로 대처하고 해결하도록 돕기 위한 과정으로서 상담, 활동, 코칭, 컨설팅, 멘토링과 같은 다양한 방법을 활용한다. 이러한 방법은 수년간 교육, 복지, 스포츠, 의학 등의 다양한 현장에서 사용되어 온 용어로서 대부분 일대일 관계를 대상으로 하고 있고, 내담자, 피코치 혹은 멘티라고 부르는 대상의 성장을 도모한다는 공통점으로 인해 혼용되기도 하였다. 이 장에서는 이들 개념이 국내에 어떻게 소개되었는지를 살펴보고 청소년 라이프 코디네이팅의 방법으로서 어떻게 활용되는지를 서술하고자 한다.

1. 상담

상담의 역사는 미국의 임상심리학자이자 비지시적 카운슬링의 창시자인 로저스(Rogers)로부터 시작된다. 그는 심리치료를 시작하기 위해 시카고 대학 내에 카운슬링 센터를 세우고, 정신과 의사들의 차별이나 편견을 피하기 위해 처음으로 '카운슬링(counselling)' 이라는 용어를 사용하기 시작하였다. 물론 이 카운슬링이라는 용어는 1900년경, 사회활동가이자 진로상담(career counselling)의 창시자인 파슨스(Parsons)가 처음으로 사용했다고 알려져 있다. 그 후 문헌상에 최초로 카운슬링이라는 용어가 등장한 것은 1931년의 일이다. 하지만 당시에는 카운슬링 방법에 관한 교과서는 모두 진단기법을 다루고 있었기 때문에 현재 상담자가 사용하는 '카운슬링'이라는 의미보다는 정신과 의사가 사용하던 심리치료(psychotherapy)의 의미가 강했다. 로저스의 영향으로 상담 분야는 이제 정신과 의사가 아니라 심리학자의 영역으로 옮겨지게 되었고, 이후 다양한 영역에서 발전되어 왔다. 국내에서 이러한 상담서비스의 시작에 대한 자료는 명확한 것이 없지만, 미군정청(1946~1948) 요원으로 내한했던 염광섭 박사와 존스(Jones) 박사가 상담 분야를 우리나라에 소개했다는 의견과 심리학자 성백선 교수(연세대학교)가 운영한 서울아동상담소의 모체인 문제아동자문기관이 국내 최초의 상담활동이었다는 의견이 있다.

국내에서 청소년상담은 우울, 약물 사용, 인터넷 중독, 학교폭력 등의 청소년기에 경험하는 다양한 심리사회적 문제에 대한 대처와 학업이나 진로상담 등의 영역에서 사용되어 왔다. 우선 학업상담은 학업문제 상담이라는 용어로 더 많이 등장하는데 그 이유는 학업상담이 초기에 학업상의 문제를 호소하는 청소년을 대상으로 실시되었기 때문이다. 청소년이 자주 호소하는 학업문제는 학업스트레스, 학업동기 및 학습방법의 문제 등으로서 상담 영역에서는 이들의 인지적 요인, 정의적 요인, 학습방법과 학습전략 요인, 그리고 환경적 요인 등을 다룸으로써 발생된 문제에 효율적으로 대처하도록 돕는 방향으로 수행되어 왔다. 그러나 최근에는 학습전략을 세우거나 학습습관을 향상함으로써 더욱 성공적으로 학업을 수행하기 위한 목적으로 상담이 이루어지는 경우도 많다. 진로상담 또한 마찬가지로 청소년의 적성이나 성격, 직업정보를 제공함으로써 청소년이 진로선택이나 준비과정에서 발생하는 문제를 해결하고 성공적인 진로성숙을 이룰 수 있도록 돕고 있다. 이처럼 상담은 주로 내담자가 당면한 문제를 해결하도록 돕는 것으로서, 주로 청소년의 과거와 현재의 삶에 관심을 두고 있다.

청소년 라이프 코디네이팅에서도 상담은 가장 많이 활용할 수 있는 방법이다. 코디네이터는 초기면접이나 심리검사의 결과를 해석하는 과정에서 상담을 반드시 실시해야 하고 코디네이팅이 진행되는 과정에서도 상담을 활용할 수 있으므로 상담 기술을 미리 익혀 두어야 한다. 상담은 청소년 라이프 코디네이팅에서 활용하는 주요 방법 중 하나로서 내용이 방대하기 때문에 제6장과 제7장에서 상담 기술에 대해 더 자세히 다루고자 한다.

2. 활동

1990년대 초 청소년기본법이 제정 · 공포되면서 청소년활동은 제도권 교육으로 자리를 잡기 시작했다. 이전에는 주로 문제 청소년을 지원하려는 노력이 청소년 정책의 주를 이루었다면 이 시기부터는 국가가 전체 청소년을 위한 다양한 지원을 시작했다고 볼 수 있다. 학업 이외의 여가 생활을 경험할 수 있는 시설이나 프로그램이 거의 없던 시기에 이루어진 청소년활동은 청소년에게 다양한 체험활동, 수련활동을 제공함으로써 이들이 전인적 성장을 이룰 수 있도록 돕기 위한 시도라는 점에서 매우 중요한 노력이라 하겠다.

청소년기본법 제3조에 따르면 청소년활동은 "청소년의 균형 있는 성장을 위하여 필요한 활동과 이러한 활동을 소재로 하는 수련활동 · 교류활동 · 문화활동 등 다양한 형태의 활동"을 의미한다. 국가에서는 이를 위해 청소년수련관, 청소년수련원, 청소년문화의집, 특화시설 등의 청소년 활동시설을 설치하고 청소년지도사를 육성하여 청소년에게 다양한 프로그램을 제공하고 있다.

지금까지 청소년활동은 주로 청소년의 여가시간을 선용하도록 돕는 것에 집중되어 왔다. 따라서 체험활동이나 동아리활동 등을 제공함으로써 청소년이 학업 이외의 시간을 즐겁게 활용하도록 돕는 것이 중요시되었다. 그러나 최근에는 입학사정관제나 국제청소년성취포상제도 등이 도입되면서 전인적 역량을 강화하고 글로벌 리더로 성장하도록 돕기 위한 노력이 중시되고 있다. 이로 인해 청소년활동은 체험의 기회를 제공하는 것을 뛰어넘어 청소년의 역량을 강화하고 21세기 미래형 인재를 양성하는 기회의 장으로 자리매김하고 있다.

청소년활동은 주로 청소년의 전인적 성장을 지원하기 위한 프로그램을 개발하고 진행하는 것과 관련이 있는데, 예를 들어 청소년이 리더십이나 모험심 등을 함양하도록 돕기 위한 체험프로그램이나 동아리활동 등을 기획 · 개발하고 진행하는 것이 매우 중요하다는 것이다. 이러한 내용은 청소년 라이프 코디네이팅에도 잘 적용될 수 있는데, 청소년 라이프 코디네이팅의 과정을 살펴보면 초기면접이나 진단이 끝난 후 다양한 내용의 프로그램을 기획 · 설계하게 된다. 이 과정에서 코디네이터는 청소년활동에서 제시하는 다양한 프로그램을 코디네이팅의 과정에 포함할 수 있다.

3. 코칭

코칭(coaching)이라는 단어는 근래에 들어 등장했지만, 코칭의 원형이 되는 코치(coach)라는 단어는 오래전부터 사용되어 왔다. 코치는 본래 사람을 실어 나르는 개썰매를 의미하였는데, 16세기부터는 마차나 철도의 객차 등에도 사용되었다(선종욱, 2010). 1880년경에는 최초로 스포츠 분야에서 선수의 역량을 향상하기 위해 지도하는 행위로 코치라는 용어가 사용되었고, 경영관리 분야에서는 관리자와 부하직원 간의 관계나 개개인의 동기에 대한 고려 없이 직무기술을 현장에서 도제 형태로 훈련시키는 직무 내 훈련과 유사한 개념으로 사용되었다(Wenzel, 2001). 그 후 1980년대와 1990년대에 이르러서는 빠른 환경변화에 조직이 효과적으로 대응할 수 있는 방안에 대한 고민과 함께 조직을 수평구조로 바꾸기 위한 노력을 기울이기 시작하였는데, 이때 조직구성원의 육성 및 개발도

구로서 코칭을 활용하기 시작하였다.

코칭은 "조직원의 성장과 발전을 돕고 개인의 역량과 성과를 최대화하기 위해서 현재의 기술을 향상할 뿐만 아니라 새로운 기술을 습득할 수 있도록 개인과 조직을 돕는 과정"으로 정의하기도 하고, 혹은 "일대일 관계를 바탕으로 코치가 다양한 전문적인 방법을 이용하여 개인이 가진 잠재력을 보다 효과적으로 발휘하는 방법을 학습하여 수행할 수 있도록 돕는 과정"이라고 정의하기도 한다(Garman, Whiston, & Zlatoper, 2000). 이처럼 코칭은 구조화된 프로세스를 바탕으로 질문과 경청, 피드백을 통한 대화과정에서 개인의 생각을 자극하고 사고의 폭을 넓힘으로써 현재 직면하고 있는 문제에 대한 해결방법을 스스로 찾도록 돕는 미래지향성의 의미를 갖는다. 다시 말해, 코칭은 상담과 달리 피코치의 과거의 상처보다는 미래의 삶에 초점을 두는 것으로서, 피코치가 미래의 비전과 잠재력을 발견하도록 돕는 것에 목적을 둔다. 이를 위해서 자발적 행동과 학습을 촉진하고 성장과 발전을 지원하는 프로세스를 강조한다고 할 수 있다. 또한 코칭은 멘토링과는 달리 코치가 피코치보다 해당 분야에서 비전문가일 수 있는데, 코치는 피코치가 보다 탁월한 역량을 발휘하여 성과를 이루고 미래를 잘 설계하도록 돕는 것에 초점을 두고 있기 때문이다.

코칭의 개념에 대해서는 아동 및 성인교육, 상담, 치료심리학, 산업조직 심리학 등 다양한 분야에서 논의되어 왔는데, 각 분야의 특성과 학문적 토대에 적절히 융합되어 각 분야마다 조금씩 다른 개념으로 사용되고 있다. 조직경영 분야에서는 코칭을 '조직개발'이라는 측면과 성인교육, 관리자 교육 및 훈련, 상담기술 등의 융합된 개념으로 접근하고 있다.

즉, 이 분야에서의 코칭은 도제형 멘토링이나 치료, 그리고 과거 중심적인 상담과는 다른 개념으로 접근하고 있지만, 일부 내용은 혼용될 수 있다는 것이다(오인경, 2003; 한허정, 2006). 이로 인해 이 분야에서의 코칭은 기술의 전수나 훈련뿐만 아니라 조직구성원 간에 긍정적인 관계를 형성하는 것에도 많은 관심을 가지고 있다.

아동 · 청소년과 관련되어서는 주로 학습이나 진로와 관련되어 코칭이 활용되어 왔다. 학습이나 진로 코칭은 피코치의 자기효능감이나 자기주도 학습능력을 향상함으로써 미래를 설계할 수 있도록 돕는 것에 목표를 두고 있다. 더 구체적으로는, 학습 코칭은 학생에게 목표와 동기를 부여하고 학습습관이나 공부방법을 체계적으로 관리해 주는 시스템을 의미하고, 진로 코칭은 학생의 잠재의식에 있는 가치관, 기질적인 선호도, 재능이나 내적 동기 등을 파악하여 자신의 미래를 설계할 수 있도록 돕는 시스템으로 사용되어 왔다. 이로 인해 이 영역에서의 코칭은 학습의 동기 파악, 시간이나 환경 관리, 학습 및 시험전략 수립, 그리고 진로 가치관 파악이나 진로설계 등의 내용이 주를 이루고 있다. 그러나 피코치의 자기효능감이나 자기주도적 학습능력을 향상함으로써 이들이 보다 건강하게 미래를 설계하도록 돕는 것에 목표를 두고 있음에도, 학습전략의 수립이나 진로설계에 대한 내용만이 포함되어 있을 뿐 피코치의 자기효능감이나 자기주도적 학습능력을 향상할 수 있는 체계적인 방법은 부족하다는 한계가 있다.

청소년 라이프 코디네이팅에서도 코칭을 한 방법으로 활용할 수 있다. 예를 들어, 대상 청소년에게 다소 특수한 분야의 훈련이 필요한 경우(시간이나 환경관리 등의 시스템적인 관리나 점검이 필요한 영역) 코칭을 효과적으로 활용해 볼 수 있다.

4. 멘토링

멘토링(mentoring)의 기원은 B.C. 800년 전을 배경으로 작품화한 그리스 신화에 나오는 인물의 이름에서 비롯되었다. 오디세우스(Odysseus)는 트로이로 전쟁을 나가면서 자신의 가장 친한 친구 멘토르(Mentor)에게 자신의 아들인 텔레마코스(Telemachos)의 교육을 맡겼다. 오디세우스가 전쟁에서 돌아오기까지 무려 10여 년 동안 멘토르는 텔레마코스를 스승이자 조언자, 친구, 아버지, 대리인으로서 잘 돌보아 주었다. 그 이후 멘토르라는 그의 이름에서 나온 멘토라는 용어는 지혜와 신뢰를 바탕으로 한 사람의 인생을 이끌어 주는 지도자와 동의어로 사용되었다.

멘토링의 정의와 관련하여 플랙스 등(Flax, Ascher, & Harrington, 1968)은 "멘토링은 청년 또는 장년과 같은 젊은 파트너가 어려운 시기를 잘 헤쳐 나가고, 중요한 과업을 수행하며, 초기의 문제점을 수정할 수 있도록 후원, 지도, 지원해 주는 사람과의 지속적인 관계"로 정의하였다. 멘토링은 1970년대 후반에 『하버드 비즈니스 리뷰(*Havard Business Review*)』에서 성공한 최고경영자에게는 멘토가 있었다는 인터뷰 기사가 나가면서 조직행동을 연구하는 학자들에게 주목을 받기 시작하였다. 그 이후 멘토링은 조직경영 분야에서 지속적인 관심을 받아 왔는데, 노(Noe, 1988)는 멘토를 "경험이 풍부하고 유능한 멘토가 연하의 동료나 후배인 멘티에게 조직생활을 통해 얻는 지혜를 전달해 주고 일과 관련된 문제를 해결하며 조직생활에 적응할 수 있도록 도움을 줄 뿐만 아니라 서로에게 영향을 주고받는 과정"으로 정의하기도 하였다.

국내에서 멘토링은 기업체에서는 경험이 많은 연장자가 신입사원의 업무 적응과 경력개발을 돕기 위한 목적으로 활용해 왔고, 학교나 사회복지 기관 등에서는 아동 · 청소년의 건강한 성장을 돕기 위한 목적으로 수행해 왔다. 청소년을 대상으로 한 멘토링을 구체적으로 살펴보면, 이는 주로 빈곤가정, 이주가정, 성매매 및 다양한 비행행동으로 위기 상황에 놓여 있는 청소년의 심리 · 사회적 적응을 돕기 위한 방안으로 활용되어 왔다. 따라서 멘토링의 세부 내용을 살펴보면, 학습지도, 일대일 대화, 다양한 문화체험활동 등의 심리 · 사회적 적응력을 높이기 위한 프로그램이 주를 이룬다.

이 외에도 몇 년 전부터 청소년 분야에서는 청소년 사회참여의 기회를 확대하기 위한 방안의 하나로, 청소년 멘토링에 관심을 가지기 시작했다. 기존의 멘토링에서는 주로 성인이 멘토로 참여하였지만, 청소년 멘토링은 청소년이 멘토로 참여하여 자신이 가진 재능을 지역사회에 기부하는 모델이라는 점에서 기존의 성인 중심의 멘토링과 차이가 있다. 이 멘토링 모델에서는 청소년 멘토링을 "상대적으로 나이가 더 많은 청소년(멘토)이 나이가 적은 아동 · 청소년(멘티)의 학업적, 사회적, 정서적 발달을 지원하고 돕기 위하여 일정 기간 이상 결연관계를 유지하는 활동"으로 정의하고 있다(김경준, 2011). 청소년 멘토의 주된 역할은 학습지도나 체험활동, 과제 돕기와 같은 구조화된 활동이며, 청소년 멘토링은 이러한 활동을 통해 멘토와 멘티가 상호적인 발달관계를 형성하도록 돕는 것을 목적으로 하고 있다.

청소년 라이프 코디네이팅을 성공적으로 수행하기 위해서는 코디네이터가 청소년과 긍정적인 관계를 유지해야 한다. 멘토링은 이러한 관계 유지를 위한 효과적인 방법이 될 수 있다.

5. 컨설팅

컨설팅(consulting)은 일상적으로 조언을 구하거나 제공하는 행위를 가리키는 용어다. 컨설팅은 조언의 전문성이 강조되고 그 일을 전문적으로 수행하는 직업이 발달하면서 그 의미가 다양하게 규정되고 있다. 컨설팅이 최초로 제도화된 의료 분야에서는 컨설팅을 환자의 치료를 목적으로 두 명 이상의 의사 사이에 이루어지는 활동으로 정의하고, 현재 컨설팅이 가장 활발하게 활용되고 있는 경영 분야에서는 컨설팅을 경영과 사업상의 문제해결, 새로운 기획의 확인과 포착, 학습의 촉진, 변화의 실행을 통하여 조직의 목적과 목표를 달성할 수 있도록 경영자와 조직에 제공되는 전문적이고 독립적인 자문서비스로 정의한다(Kuber, 1996). 즉, 경영학에서는 컨설팅을 컨설턴트가 클라이언트에게 직접 도움을 주는 것으로 여긴다.

교육학 분야를 살펴보면, 국외에서의 교육 컨설팅은 컨설턴트가 컨설티(교사나 학무모)에게 도움을 주고 그 컨설티가 클라이언트(학생)를 직접 도와주는 방식을 선호한다. 컨설턴트와 컨설티는 평등하고 상보적인 관계 속에서 자유롭게 상호작용하지만, 컨설턴트는 학생과 직접적으로 상호작용하지 않는다. 특별한 경우에만 컨설턴트와 학생 사이에 약간의 직접적인 상호작용이 발생할 수 있는데, 예를 들어 컨설턴트가 학생을 관찰하거나 진단 또는 평가할 때 등이다. 그러나 국내의 교육 컨설팅은 국외에 비해 컨설티의 비중이 적고, 컨설턴트가 직접 클라이언트에게 도움을 주는 방식이 많이 활용되고 있다.

교육 컨설팅 가운데 가장 많이 활용되고 있는 학습 컨설팅을 살펴보면, 국외에서 학습 컨설팅이 시작된 배경은 학교가 심리적 접근만으로는 학교 내에서 발생하는 문제, 특히 학생들의 학습 및 행동문제를 해결하지 못한다는 불만이 증가함에 따라 등장하였다. 즉, 학습 컨설팅은 학교 컨설팅의 하위 영역으로 학습 및 학습 기술에 관한 전문가인 컨설턴트가 교사나 학부모에게 서비스를 제공하여 클라이언트인 학생들의 학습 및 행동문제를 해결하도록 돕는 과정으로서, 여기에서 다루는 문제는 학생의 학습과 관련된 문제이지 컨설티의 개인 문제가 아니다. 다시 말해, 국외의 학습 컨설팅은 학생의 문제를 해결하기 위해 학생과 직접 접촉하는 국내의 학습상담이나 학습 클리닉과 달리 교사나 학부모를 통해 학생에게 서비스를 제공하는 형태로 운영된다.

따라서 학습 컨설팅을 통해 해결하려는 문제에는 주로 컨설티가 직접적으로 해결하지 못하는 문제, 클라이언트 간의 의사소통 장애뿐만 아니라 컨설티의 숨겨진 잠재력, 클라이언트나 조직의 성장 잠재력, 또 사회와 시대의 변화에 따른 새로운 가능성 등이 포함된다. 따라서 초기 학습 컨설팅의 목표는 컨설티와 클라이언트 모두의 역량을 향상하는 것에 두고 있다.

이러한 목표로 인해서 학습 컨설팅을 제공하는 유형은 다음과 같이 크게 세 가지로 구분할 수 있다(Kratochwill & Pttman, 2002).

① 클라이언트 중심의 문제해결 학습 컨설팅: 이는 컨설티가 유사한 문제를 해결하는 능력을 학습하는 것보다는 클라이언트의 문제를 해결하는 것이 우선되는 유형이다. 클라이언트의 문제를 진단하고 그 문제를 해결하는 데 필요한 도움을 컨설티에게 제공하여 컨설티가 클라이언트의 문제를 해결하도록 한다.

② 컨설티 중심의 기법 교육 컨설팅: 클라이언트인 학생들의 문제를 해결하는 것이 컨설팅의 궁극적인 목적일지라도 컨설팅 자체가 간접적인 서비스 제공이므로 컨설티에게 문제해결과 관련된 다양한 기법을 가르치는 것이다.

③ 시스템 중심의 컨설팅: 이것은 개별적인 컨설티나 컨설티 집단에게 컨설팅을 제공하는 것이 아니라 학교 전체나 특정한 조직의 시스템을 바꾸는 컨설팅이다.

이상의 세 가지 유형은 모두 컨설티와 클라이언트의 역량을 향상하는 것에 대해서는 공통의 목표를 갖고 있지만, 각각의 유형에서 중점을 두는 부분과 방법은 차이가 있다.

국내에서는 컨설팅이 주로 개인을 대상으로 하기보다는 기관이나 조직을 대상으로 하여 발전해 왔다. 즉, 컨설팅은 학교 컨설팅이나 청소년 기관 컨설팅 등의 일선 학교나 청소년 기관이 직면한 문제해결을 지원하기 위한 방편으로 주로 활용되고 있다는 것이다. 이 외에도 개인을 대상으로 하는 컨설팅이 '학습 컨설팅 혹은 수업 컨설팅' 이라는 개념으로 일부 사용되기도 한다.

국내의 학습 컨설팅은 학습 및 학습 기술에 관한 전문가인 컨설턴트가 클라이언트인 학생들의 학습 및 행동 문제를 해결하도록 돕기 위해 직접 개입하는 형태로 운영되는데, 자기주도적 학습능력이 낮거나 다양한 학습부진 상황에 놓여 있는 학생에게 관심을 가지고 있다. 또한 수업 컨설팅은 교사의 수업 효율성을 높이도록 돕기 위해 사용되는데(정용우, 양성관, 2008), 학생들의 긍정적 자기인식 형성, 동기강화, 시험 및 시간관리, 수업관리 등의 내용을 통해서 학생들의 학습 환경 적응과 학업역량을 강화하는 것을 목표로 하고 있다.

이처럼 국외와 국내의 학습 컨설팅은 클라이언트의 학습능력을 향상한다는 공통의 목표를 가지고 있지만, 컨설티의 비중에 따른 차이를 나타내고 있다. 즉, 국외의 학습 컨설팅은 컨설티의 역할에 대한 비중을 크게 잡고 있지만 국내의 경우에는 학생 자체에만 국한하고 있다. 학생 자체만을 대상으로 하는 경우에는 학생의 학습 환경에 대한 총체적인 이해가 어렵기 때문에, 학생의 학습능력을 향상할 수 있는 다각적인 접근이 어렵다는 한계가 있다.

컨설팅이 멘토링이나 상담과 가장 다른 부분은 컨설팅이 클라이언트가 가지고 있는 심리적 문제를 다루기보다는 과업달성의 측면에서 발생된 문제를 해결하고, 미래를 설계하는 목표가 강하다는 것이다. 이로 인해 컨설팅은 과거의 사건이나 감정에 대한 관심보다는 미래의 목표를 설계하는 것에 관심을 두고, 설계된 목표를 달성하는 데 방해가 되는 요인을 제거하고 목표달성을 강화할 수 있는 특성을 개발하는 데 관심을 둔다고 하겠다.

청소년 라이프 코디네이팅은 청소년의 미래를 건설적으로 설계하고 성과를 향상하려는 목적을 가진다는 점에서 컨설팅과 유사하다고 볼 수도 있다. 그러나 코디네이팅은 청소년의 과업적 측면뿐 아니라 이들의 삶 전체에 초점을 둔다는 점에서 컨설팅보다 넓은 개념으로 볼 수 있다. 청소년 라이프 코디네이팅에서는 상황에 따라 컨설팅이라는 방법을 활용할 수 있다.

참고문헌

김경준(2011). **청소년의 사회적 참여 활성화를 위한 저소득 가정 아동 지원방안 II**. 서울: 한국청소년정책연구원.

선종욱(2010). **코칭다이나믹스**. 파주: 한국학술정보.

오인경(2003). 구성주의 교수-학습 전략으로서의 코칭의 역할 및 프로세스: 외국기업 사례 비교. **기업교육연구**, 5(2), 5-25.

정용우, 양성관(2008). 수업컨설팅이 교사의 수업효율성과 학생의 자기주도적 학습 및 문제해결능력에 미치는 영향. **교육행정학연구**, **26**(1), 315-341.

한허정(2006). 조직 중간관리자의 코칭역량에 관한 연구. 서울대학교 대학원 석사학위 논문.

Flax, E., Ascher, L., & Harrington, C. (1968). Mentoring programmes and practices: An analysis of the literature. Institute for Urban and Minority Education, Columbia University Teachers' college, New York, NY.

Garman, A. N., Whiston, D. L., & Zlatoper, K. W. (2000). Media perceptions of executive coaching and the formal preparation of coaches. *Consulting Psychology Journal: Practice and Research, 52*, 201-205.

Hamlin, R. G., Ellinger, A. D., & Beattie, R. S. (2009). Toward a profession of coaching? A Definitional examination of 'Coaching', 'Organization Development', and 'Human Resource Development'. *International Journal of Evidence Based Coaching and Mentoring, 7*(1), 13-38.

Kuber, M. (1996). *Management consulting: A guide to the profession* (3rd ed.). Geneva: International Labour Office.

Margo, M. (2005). **멘토링, 오래된 지혜의 현대적 적용**(이용철, 안종상 공역). 서울: 김영사. (원저는 2001년 출간)

Noe, R. A. (1988). An investigation of the determinants of successful assigned mentoring relationships. *Personnel Psychology, 41*, 457-179.

Wenzel, L. H. (2001). Understanding managerial coaching: The role of manager attributes and skills in effective coaching. *Dissertation Abstracts International: Section B: the Science & Engineering, 61*(8-B), 4462.

제6장 청소년 라이프 코디네이팅 기술 I

청소년은 코디네이팅 과정을 통해 자신의 목표를 확인하고 실천함으로써 무언가 해냈다는 성취경험을 하는 것이 매우 중요하다. 이러한 성취경험은 자신에 대한 효능감을 증진함은 물론 다른 사람과 교감하고 소통하는 것에 대한 자신감을 높인다. 코디네이터의 효율적인 개입은 청소년이 자신의 목표를 좀 더 순조롭게 달성할 수 있도록 돕는 역할을 할 뿐만 아니라 청소년에게도 이러한 코디네이터의 모습과 기술을 모델링하게 하는 계기가 될 수 있다. 따라서 코디네이팅 과정에서는 활동에서 필요한 기술과 상담에서 필요한 경청과 공감 등의 기본적인 기술은 물론 각 심리학 이론에서 제시되는 기술 등을 적절하게 활용할 수 있는 능력이 필요하다. 청소년 코디네이팅은 도움을 주는 코디네이터와 도움을 원하는 청소년, 그리고 그들 간의 관계 속에서 이루어지는 과정이므로 인간발달에 대한 지식은 물론 이러한 지식을 바탕으로 개입되는 여러 기술을 자유자재로 활용할 수 있어야 한다.

1. 기본 면접 기술

1) 듣기(경청하기)

코디네이터가 청소년을 처음 만났을 때 가장 중요한 것은 언어적 혹은 비언어적인 청소년의 메시지를 들어주는 것이다. 즉, 의사소통의 첫 단계는 경청하는 것인데 경청하기(listening)란 성급한 판단이나 평가를 유보하고 먼저 청소년에 대해 충분히 이해할 때까지 그의 말에 귀를 기울이는 것을 의미한다. 경청은 청소년이 직접 말로 표현한 것뿐만 아니라 청소년이 직접 표현하지는 않았지만 말에 포함되어 있는 여러 가지 심리적 요소를 포착하는 것을 의미한다.

롱(Long, 1996)은 '경청'을 상대방이 하는 언어적으로 또는 비언어적으로 그리고 직간접적으로 전달하는 메시지를 포착하기 위해 상대방이 말할 때 주의집중 하면서 듣는 것이라고 정의하였다.

우선 주의집중 한다는 것은 언어는 물론 비언어적 표현에도 주의를 기울이는 것을 말한다. 즉, 얼굴표정(미소, 얼굴 찡그림, 입술 삐죽거림 등), 목소리(목소리의 높낮음, 속도, 긴장 정도, 말의 간격, 강조, 멈춤, 침묵, 유창함 등), 신체행동(자세, 몸 움직임, 제스처 등), 신체반응(호흡 속도, 얼굴 및 목의 색, 눈동자 움직임, 입술 떨림, 눈물 등), 신체 특징(체격, 키, 몸무게 등), 일반적인 외모(옷 입는 스타일, 화장 등) 등을 모두 포함한다.

심리학자인 이건(Egan, 1994)은 상대방에게 주의집중 하는 기술을 다음과 같이 ENCOURAGES로 정리하였다.

- E: 눈(eye) 맞춤을 적당하게 유지한다.
- N: 고개 끄덕임(nods)을 적당한 수준으로 사용한다.
- C: 문화적 차이(cultural differences)를 인식하고 존중을 유지한다.
- O: 내담자 쪽으로 열린 자세(open stance)를 유지한다.
- U: '음(Unhmm)' 등의 인정하는 언어를 사용한다.
- R: 편안하고(relaxed) 자연스럽게 대한다.
- A: 주의를 분산하게 만드는 행동은 피한다(avoid).
- G: 내담자의 문법양식(grammatical style)에 맞춘다.
- E: 제3의 귀(third ear)로 듣는다.
- S: 적절한 공간(space)을 사용한다.

언어적 경청은 문제를 확인할 수 있는 언어적 자료를 구조화하여 듣는 것이다. 이를 살펴보면 우선 청소년의 경험을 듣는 것이 필요하다. 현재 어떤 상황이 일어나고 있는지를 듣는 것이다. 그다음으로 행동적인 부분을 살펴보는데 청소년의 어떤 행동이 지금 겪고 있는 어려운 상황을 만들고 있으며, 어떻게 그 문제를 대처하는지에 대해 듣는 것이다. 마지막으로 그러한 행동이나 경험으로 생겨난 감정과 느낌을 통해 자신의 현재 상황과 연관되어 있는 감정을 듣는 것이다.

의사소통기술에서 가장 기본이 되는 주의집중 하면서 듣기(경청)는 상대에 대한 관심을 표현하는 것으로 상대방을 존중하고 있다는 메시지를 전달하고자 하는 목적뿐만 아니라 상대방의 호소를 명확하게 하기 위한 자료 수집을 위해서도 매우 중요하다. 상대방의 언어적 메시지를 잘 들음으로써 경험, 행동, 정서를 파악하며, 비언 어적 행동을 관찰함으로써 상대가 말하고 있는 내용과의 일치성과 강도를 파악할 수 있다.

듣기(경청) 과정에서 우선하여 유의할 점은 상대방이 이야기하는 내용과 태도에 대해서 편견을 갖지 않는 것이다. 듣는 사람은 자신이 가지고 있는 사회적 편견이나 선입견에 대해 주의 깊게 관찰하고 상대방에 대한 시각이 왜곡되어 있는지를 잘 점검하면서 들어야 한다.

참고

◆ 청개구리 대화

1. 코디네이터와 청소년은 각각 말하는 사람, 들어주는 사람 역할을 정한다. 이때 코디네이터는 들어주는 사람 역할을 먼저 맡지 않아도 되며, 자율적으로 의논하여 선택한다. 이러한 과정 자체가 청소년에게는 새로운 경험이 될 수 있다.
2. 역할이 정해지면 들어주는 사람은 위에서 제시된 내용을 토대로 열심히 듣는 자세를 취한다. 한 사람이 끝나면 역할을 바꾸어 진행한다.
3. 그다음에는 위와 반대로 듣는 사람은 말하는 사람을 의도적으로 거부하는 태도를 취한다. 한 사람이 끝나면 역할을 바꾸어 진행한다.
4. 서로의 경험에 대한 느낌을 자유롭게 교환한다.

◆ 실습

1. 자신의 상대와 5분 동안 번갈아 가면서 최근에 있었던 경험을 나눈다.
2. 상대방의 이야기를 듣는 동안 언어적인 내용뿐만 아니라 말의 억양, 표정 등 비언어적인 내용도 잘 경청한다.

3. 서로 이야기가 모두 끝나면 경청한 이야기를 상대에게 전달한다. 이때 상대방의 얼굴표정과 말의 높낮이 등 비언어적인 내용도 전달한다.
4. 상대방이 전달하는 이야기를 들은 후 본인이 한 말과 행동이 일치하는지에 대해 논의한다. 그리고 상대방이 자신의 이야기를 전달할 때 경험한 느낌에 대해서도 자유롭게 교환한다.

2) 반영하기

반영하기(reflection)는 듣는 사람이 말한 사람의 말을 참신한 말로 다시 표현해서 돌려주는 것이다. 듣는 사람은 자신의 방어적, 판단적인 반응을 금지하고 의도적으로 상대방에게 집중하여 경청해야 한다. 반영하기는 경청하기와 매우 밀접한 관계가 있다. 정확하고 민감한 반영하기는 상대방으로 하여금 자신이 잘 이해받고 있음을 알게 해 준다. 반영하기의 역할은 말하는 사람의 언어나 행동 이면에 내재하고 있는 느낌과 감정이 무엇인지 자신이 분명히 깨달을 수 있도록 해 주는 효과가 있다.

반영기술에는 다음과 같은 것이 있다.

① 상대방의 정서 상태에 대해 민감해야 한다.
② 상대방이 느끼는 감정을 나타내는 가장 적절한 단어를 찾는다.
③ 상대방의 표면적인 감정을 우선 반영하고 점차 심층적인 감정을 반영한다.
④ 상대방이 느끼는 감정이 어디에서 유발되는 것인지에 대해 연관짓

는다.

⑤ 무미건조한 말투로 덤덤하게 반영하기보다는 얼굴표정, 말의 억양 등을 적절히 활용하여 상대방이 자신의 감정을 충분히 알아차릴 수 있도록 반영한다.

⑥ 이와 같은 감정 반영이 상대방에게 일치하는지 파악한다.

3) 공감하기

공감하기(empathy)는 청소년이 경험하고 있는 주관적인 체계 속으로 들어가서, 청소년의 감정을 같이 느끼고 그의 세계를 바라보며, 청소년의 감정과 연결된 경험과 행동을 충분히 이해하고 전달하는 것이다. 공감은 청소년의 경험에 대해 코디네이터가 깊이 이해하고자 하는 태도로 정의할 수 있으며, 반영하기는 코디네이터가 이해한 것을, 즉 공감한 것을 청소년에게 전달하는 세부적인 기술이다. 코디네이팅 초기 단계에서의 공감은 서로의 관계를 신뢰하게 하는 데 도움이 되지만 감정을 너무 깊게 반영하지 않도록 주의해야 한다. 초기 단계에서 너무 깊게 공감하면 청소년은 당황할 수 있으며 코디네이터의 공감 내용을 수용하지 못하고 오히려 저항할 수 있다. 따라서 친밀감을 형성하는 초기 단계에서는 청소년의 표면적인 감정을 공감함으로써 청소년에게 안정감을 주어야 한다.

공감에는 기본 공감과 발전 공감의 두 가지 수준이 있다. 우선 기본 공감은 청소년이 현재의 순간에 느끼는 감정을 정확하게 이해하고 그 감정과 관련 있는 경험과 행동을 인식하여 그것을 청소년에게 전달하는 것이다.

청 소 년: 엄마가 너무 간섭이 심하고, 사소한 일에도 화를 자주 내세요. 하루 종일 학교와 학원에서 지쳐 돌아왔는데 잠시만 누워 있어도 공부하지 않는다고 짜증을 내세요. 엄마는 내 마음을 전혀 이해하려고 하지 않아요.

코디네이터: 엄마가 마음을 이해해 주지 않고 화만 내시는 것이 몹시 서운하고 속상하구나.

두 번째로 발전 공감이 있는데 이것은 청소년이 진술한 내용에 드러난 표면적인 감정을 반영할 뿐만 아니라 청소년이 표현하지 못한 채 그냥 지나가 버리고 암시만 한 내용까지도 이해하도록 도와주는 공감기술이다.

청 소 년: 다른 아이들은 저처럼 고민하지 않는 것 같아요. 다들 열심히 공부에만 집중하는 것 같고… 저도 공부에만 집중하고 싶은데 책상에 앉으면 자꾸 낮에 친구들이 했던 야한 이야기들이 떠올라요. 공부에만 집중하면 되는데 공부에 집중하지 못하니까 자꾸 그런 생각이 나는 것 같아요. 쓸데없는 생각이죠. 공부하기 싫으니까 그런 생각이 나는 것 같아요. 게으르니까.

코디네이터: 최근에 쓸데없다고 생각하는 것들이 자주 떠올라 공부에 방해가 되는 것 같구나. 친구가 했던 야한 이야기들이 자꾸 생각나고 또 이전 상담 시간에도 다른 성적인 이야기를 했던 것 같은데 이야기를 종종 하다 말곤 했어. 정확하지는

않지만 성과 관련된 생각이 너를 자주 괴롭히는 것 같구나.

코디네이팅 초기 단계에서는 단순한 기초 공감만으로도 진행을 할 수 있다. 하지만 과정이 좀 더 진행되면 코디네이터는 청소년에 대한 여러 자료를 수집하고 이로써 문제를 통찰하고 청소년에게 적절히 반영할 수 있는 발전 공감을 제공해야 깊은 탐색이 가능해진다. 그러나 너무 자주 사용하면 부담이나 저항감을 유발할 수 있으므로 발전 공감은 청소년을 충분히 이해하고 검토한 후 신중하게 전달하여야 한다.

자신의 감정을 코디네이터와 이야기하는 것을 어려워하는 청소년이라면 처음에 청소년이 하고 싶어 하는 이야기를 강조하는 것부터 시작해서 점차 감정을 이야기하는 방향으로 진행해야 한다. 또한 코디네이터 자신이 청소년과 유사한 상황에서 느끼게 될 감정을 청소년에게 이야기해 주는 것도 도움이 된다.

사람과 친해지는 것을 두려워하는 청소년은 코디네이터와 친해지는 것도 두려워할 수 있다. 이러한 특성을 지닌 청소년과의 관계 형성은 지나치게 적극적으로 다가가는 것보다는 점진적으로 진행하는 것이 바람직하다. 공감은 관계 형성을 위해 매우 좋은 상담기술이지만 정서표현이 서툴고 어려운 청소년에게는 주의해서 사용해야 한다.

공감의 3요소는 다음과 같다.

① 공감적 이해: 코디네이터는 청소년의 세계에 들어가거나 그의 입장에서 이해할 수 있어야 한다.

② 전달방법: 코디네이터가 청소년의 이야기 속에 포함된 경험, 행동, 감정을 깨닫고 자기가 이해한 것을 청소년에게 전달한다.
③ 적극적인 대응력: 청소년이 대화에 참여하도록 하며 그 대화를 통하여 문제 상황을 명료화하고 적극적인 관계를 만들어 나가는 것이다.

효과적인 공감반응의 방법은 다음과 같다.

① 말하는 상대방이 말을 멈추고 침묵의 상태가 되었을 때 조급하게 반응하게 되면 상대방의 이야기를 충분히 심사숙고하지 못하게 되어 그다음 과정이 연결되지 않아 피상적인 방향으로 흐르기 쉽다. 따라서 말을 멈추거나 침묵하더라도 조급하게 반응하지 말고 기다려야 한다.
② 공감반응을 전달할 때는 미사여구를 나열하여 자세하게 전달하는 것보다는 간결하게 하는 것이 좋다.
③ 전달해야 할 말의 내용과 일치된 억양을 사용해야 한다.
④ 상대가 사용하는 언어를 사용하여 전달하는 것이 효과적이다.

참고

◆ **활동하기**

반영하기와 공감하기에서는 감정에 대한 탐색활동을 하는 것이 필요하다.

1. 감정카드(구입하거나 자체 제작)를 전체적으로 살펴본다.

2. 그중 한 가지 감정을 선택하여 표정을 지어 본다.

3. 게임 형식으로 진행(한 사람이 표정을 짓고 어떤 감정인지 알아맞히기 등) 한다.

4. 카드를 이용한 다양한 방법(감정 분류하기 등)을 적용해 본다.

◆ **감정카드 활용**(감정과 관련된 단어 체크 목록)

고요하고 편안한 (carm-relaxed)	느긋하게, 침착한, 차분한, 마음 편한, 원숙한, 부드러운, 평화로운, 조용한, 편안한, 안전한, 고요한, 진정된, 온순한
기쁘고 행복한 (happy-joyful)	흥이 난, 자유분방한, 명랑한, 우스운, 의기양양한, 황홀한, 흥분한, 매혹된, 유쾌한, 운 좋은, 경탄할 만한, 즐거운, 낙관적인, 기뻐서 어찌할 바 모르는, 좋은, 즐거운, 아주 멋진, 재미있는, 유머 있는, 행복한, 기분 좋은, 명랑한, 만족하는, 아름다운, 뛰어난, 굉장한, 흥분되는, 멋있는
활기차고 활동적인 (vigorous-active)	활동적인, 모험심 있는, 활기찬, 두려움을 모르는, 힘 있는, 열렬한, 기운 있는, 쾌활한, 흥분한
유능하고 힘있는 (competent-powerful)	권위 있는, 대담한, 용감한, 재기가 뛰어난, 유능한, 자신만만한, 기뻐하는, 지배적인, 효력 있는, 실력 있는, 확고한, 힘있는, 영웅적인, 중요한, 독립심이 강한, 영향력 있는, 위엄 있는, 남자다운, 용맹한, 강력한, 권력 있는, 자랑스러운, 책임 있는, 자립적인, 한결같은, 힘센, 성공한, 확신하는, 슬기로운
배려하고 돌봐주는 (concerned-caring)	형제다운, 돌봐 주는, 자비로운, 위안이 되는, 걱정을 하는, 이해심 있는, 관대한, 아량 있는, 온화한, 후한, 도움이 되는, 공손한, 인정 있는, 관심 있는, 친절한, 상냥한, 우정 있는, 착한, 동정심 있는, 이해심 있는, 이타적인
공손하고 사랑스러운 (respectful-loving)	선망의, 사랑스러운, 사랑받는, 애정 있는, 존경할 만한
긴장되고 불안한 (tense-anxious)	겁먹은, 불안한, 안절부절못하는, 참을성 없는, 신경과민의, 신경질적인, 초조해하는, 겁에 질린, 긴장한, 편치 않은, 걱정스러운

슬프고 우울한 (sad-depressed)	풀이 죽은, 쓸쓸한, 의기소침한, 우울한, 침울한, 울적한, 마음이 내키지 않는, 상심한, 외로운, 비참한, 애처로운, 슬픈, 거무칙칙한, 비탄에 잠긴, 음울한, 눈물 어린, 불행한, 사랑받지 못한, 기운 없는, 기분이 언짢은
화나고 적대적인 (angry-hostile)	흥분한, 괴롭히는, 화난, 성가신, 상극인, 성질 나쁜, 호전적인, 통렬한, 살벌한, 냉혈의, 투쟁적인, 잔인한, 넌더리난, 성난, 노하여 날뛰는, 가혹한, 무정한, 미운, 몹쓸, 적대적인, 지각 없는, 몰인정한, 비열한, 난폭한, 짜증이 난, 교란된, 유독한, 분개한, 버릇없는, 무자비한, 가학적인, 악의에 찬, 노발대발하는, 앙심을 품은, 보복적인, 폭력적인, 악덕의
피곤하고 냉담한 (tired-apathic)	냉담한, 지루한, 탈진한, 쇠약한, 졸음이 오는, 나태한, 피곤한, 기진맥진한
혼란하고 당황한 (confused-bewildered)	당황한, 어리둥절한, 혼란한, 의심스러운, 산만한, 흔들리는, 멍한, 말문이 막힌, 주저하는, 정신이 팔린, 난처한, 어찌할 바 모르는, 꼼짝 못하는, 불확실한, 자신이 없는
비난받고 부끄러운 (criticized-shamed)	학대받는, 얕잡아 보이는, 깔보임당하는, 비난받는, 난처한, 굴욕감 느끼는, 놀림받는, 조롱받는, 추방당한, 무시하는, 질책받는, 조소받는, 경멸당하는, 부끄러운
불충분하고 약한 (inadequate-week)	겁 많은, 연약한, 여린, 허약한, 어찌할 수 없는, 손상당한, 불충분한, 무능한, 쓸모없는, 효과가 없는, 비능률적인, 열등한, 하찮은, 서투른, 굴종적인, 무력한, 미약한, 병약한, 변변찮은, 사소한, 할 수 없는, 부적당한, 시시한, 무자격인, 가치 없는, 상처입기 쉬운, 약한, 보잘것없는

◆ 실습

① 5~6명으로 한 조를 이루고 원형으로 둘러앉는다.

② 한 사람씩 일상에서 경험한 생각이나 행동, 감정을 1~2분 정도로 짧게 이야기한다.

③ 이야기를 들은 조원이 그 이야기에 대해 공감반응 피드백을 한다.

○○가 ~했다고 하니 ○○의 마음이 ~하게 느껴져서 나의 마음도 ~하

게 느껴졌어.

④ 서로 돌아가면서 자신의 경험을 나누고 조원의 공감반응에 대한 피드백의 시간을 갖는다.

⑤ 경험 나누기와 공감반응 피드백이 끝나면 이 활동에서 경험한 느낌을 서로 교환한다.

4) 직면하기

직면하기(confrontation)는 상대방이 미처 깨닫지 못하고 있는 점, 불일치나 모순, 부적응적 사고, 반응양식, 즉 비합리적 신념을 지적하여 이를 검토하도록 안내하는 것이다. 특히 상대방이 하는 언어와 행동에 불일치나 모순이 나타나는지 유의해서 관찰한다. 그러나 불일치가 처음 나타났을 때 성급하게 직면하는 것보다는 여러 차례 반복되는 불일치나 모순이 있을 경우 구체적 예를 들어 제시하는 것이 좋다. 직면할 경우에는 판단이나 비난조로 해서는 안 되며 상대방의 인격을 존중하는 태도를 갖는 것이 중요하다. 또한 직면은 상대방에게 큰 영향을 미칠 수 있으므로 직면에 대한 반응에 주목하고, 직면에 대한 반응을 솔직하게 표현할 기회를 주어야 한다.

불일치 유형을 살펴보면 첫째, 언어와 비언어적 표현 간의 불일치로 언어적 메시지와 얼굴 표정이나 억양 등의 비언어적 표현이 일치하지 않는 것이다. 둘째, 말과 행동 간의 불일치로 상대방이 하는 말과 실제 행동이 다른 것이다. 셋째, 비언어적 표현 간의 불일치로 상대방이 말을 하거나, 말을 듣고 있는 동안에 나타내는 비언어적 표현이 서로 일치하지 않는 것이다.

청 소 년: (얼굴 표정이 거의 없고 무덤덤하게) 학교에서 늘 친구들에게 놀림을 받아요. 한 달 전에도 그렇고 어제도 그렇고. 늘 그런 식이죠. 늘 그러니까 아무렇지도 않아요.

코디네이터: 말을 들으니 학교생활이 많이 힘들고 외로움이 클 것 같은데 어떻게 버텨 왔는지 대견하구나. 그런데 그렇게 힘든 말을 하면서도 마치 남의 이야기를 하듯이 말하는 모습이 선생님 눈에 자주 들어오는구나.

5) 자기개방 하기

자기개방(self-disclosure)은 코디네이터 자신에 관한 것을 청소년과 나누는 것이다. 즉, 코디네이터의 개인적 정보나 경험을 청소년에게 말해주는 것이다.

자기개방이 주는 장점은 첫째, 코디네이터 자신의 경험을 개방함으로써 청소년에게 모델링을 제공할 수 있다. 코디네이터의 자기개방은 자신이 무엇을 해야 할지 모르는 청소년, 혹은 자기 자신에 대해 말하기를 주저하는 청소년에게 부드럽게 접근할 수 있는 방법이어서 상담 초기의 관계 형성에서 유용하게 사용할 수 있다. 둘째, 목표설정과 행동실천에 필요한 새로운 시각을 개발하는 데 도움을 준다. 셋째, 코디네이터를 좀 더 인간적으로 보이게 하여 청소년에게 친밀감을 제공할 수 있다. 넷째, 청소년이 겪고 있는 문제가 혼자만의 경험이 아니라는 것을 알게 하여 혼란한 느낌을 줄이고 안정감을 갖도록 도와줄 수 있다.

효과적인 자기 개방원칙은 다음과 같다.

① 선택적이고 집중적으로 자기를 개방한다. 코디네이터의 자기개방은 전적으로 청소년 관점에서 이루어져야 하며 코디네이터 자신의 문제로 빗나가지 말아야 한다.

② 청소년에게 부담을 주지 않도록 한다. 코디네이터의 자기개방은 자신의 경험이 청소년의 문제와 유사하기 때문에 청소년에게 희망적이고 자신을 새롭게 조망할 수 있는 대안 행동 차원에서 하는 것이지 자신의 문제를 같이 나누는 것이 아니다.

③ 자기개방을 너무 자주 하지 않도록 한다. 코디네이터의 자기개방이 너무 잦으면 객관적인 코디네이터와 청소년의 관계보다는 사적인 관계로 바뀔 수 있다.

2. 질문 기술

질문(question)의 종류는 다양하며 구체적인 내용을 살펴보면 다음과 같다.

① 개방질문: 특정한 답을 요구하기보다는 자유롭고 폭넓은 답변의 여지를 주며 스스로 답을 선택하고 상담의 흐름을 주도하게 하는 질문 형태다.

- 오늘 시험이 끝났는데 어땠니?
- 최근 친구들과의 관계가 궁금해.

② 폐쇄질문: 질문의 범위가 좁고 한정되어 있으며 예/아니요 혹은 단답형 반응을 얻는다. 분명한 사실을 요구하며 코디네이터의 판단과 편견이 작용할 가능성이 크다. 그러나 말하기 어려워하는 청소년의 경우에는 폐쇄질문이 도움이 되는 경우도 있다.

- 요즘 진로 걱정을 많이 하니? 마음이 혼란해 학교에 가지 않고 PC방에 갔니?
- 성적이 많이 떨어져서 놀랐니?

③ 예외질문: 성공 경험과 현재 잘하고 있는 것을 발견하는 질문이다.

- 문제가 발생하지 않았던 적은 언제입니까?
- 문제가 발생하지 않았을 때 당신은 무엇을 하십니까? 다른 가족은 무엇을 하고 있나요?
- 어떻게 하면 문제가 발생하지 않을 것 같습니까?

④ 기적질문: 현실 변화의 구축과 가능성에 대한 자기상을 형성하는 질문으로 기적이 일어났을 때를 가정하여 질문하는 것이다.

- 기적이 일어났을 때를 가정한다면 당신이 변한 것을 보고 가족이 어떻게 반응할까요?
- 당신이 눈을 떴을 때 무엇을 보면 기적이 일어났구나 하고 생각할까요?

⑤ 관계질문: 주변 상황이나 사람에 대한 객관적인 지각을 할 수 있게 돕는 질문이다.

- 지금 당신의 모습을 보고 부모님은 무엇이라고 얘기할 것 같은가요?
- 지금 당신을 보고 친구들은 어떻게 반응할 것 같은가요?

⑥ 대처질문: 나빠질 수 있는데도 더 나빠지지 않은 것을 강조하고 잘 견뎠음을 칭찬하며 적절한 대응에 대한 인식을 강화하기 위한 질문이다.

- 어떻게 모든 것을 포기하지 않고 지금껏 지탱해 왔습니까?
- 지금까지 해 온 것을 유지하기 위해 무엇을 해야 합니까?
- 계속해서 컴퓨터를 하는 것이 어떤 도움이 되었습니까?
- 전혀 희망이 없다고 느낄 때 어떻게 하루를 보내셨습니까?

⑦ 척도질문: 문제해결 노력 수준을 수치로 표현하여 문제해결에 대한 태도의 희망을 확신하게 하는 질문이다.

- 1~10까지의 점수 중 가장 힘든 경우를 10으로 한다면 오늘은 몇 점에 해당합니까?

- 점수가 8에서 5로 바뀐다면 무엇이 달라질 것 같습니까?
- 무엇을 어떻게 하면 점수를 3만큼 낮출 수 있을까요?

⑧ 면접 전 질문: 면접 전 변화에 대한 잠재능력을 발견하게 하는 질문이다.

- 오늘 여기 와서 무엇이 바뀌기를 원하십니까?
- 무엇이 달라지면 여기에 온 것을 잘했다고 생각하시겠습니까?
- 지난 회기 이후 아주 작은 것이라도 변한 것은 무엇입니까?

3. 정보 제공 기술

청소년에게 필요한 정보를 제공해 주거나 스스로 정보를 얻을 수 있도록 도움을 줄 수 있다. 그러나 청소년이 정보를 듣고 활용할 수 있는 마음의 준비가 되기 전에 정보를 제공하는 것은 피하도록 한다. 또한 청소년의 문제와 문제 상황에 대한 태도, 감정, 욕구를 충분히 탐색해서 어느 정도의 통찰을 얻고, 어떻게 변화하고 싶은지를 결정한 후 청소년이 정보를 알기 원할 때 정보를 제공하고 조언을 해 주는 것이 효과적이다. 그러나 정보를 제공할 때 주의할 점은 한꺼번에 많은 정보를 제공하여 청소년을 압도하거나 충고하는 것처럼 정보를 제공하지 않도록 한다. 또한 코디네이터 자신의 가치관이 개입된 정보 제공은 최대한 피한다.

참고문헌

김유숙(2002). **가족치료: 이론과 실제(개정판)**. 서울: 학지사.

송정애(2010). **가족상담의 이론과 실제(2판)**. 파주: 양서원.

정순례, 양미진, 손재환(2010). 청소년상담: **이론과 실제**. 서울: 학지사.

伊東明(2005). **(비즈니스를 성공으로 이끄는) 코칭대화기술**(김경섭 역). 파주: 김영사. (원저는 2002년 출간)

Long, V. O. (1996). *Communication skills in helping relationships: A framework for facilitating personal growth*. Pacific Grove, CA: Brooks/Cole.

Eagan, G. (1994). *The skilled helper* (6th ed). Montererey, CA: Brooks/Cole.

제7장 청소년 라이프 코디네이팅 기술 II

앞서 제6장에서 기본적인 개입 기술에 대해 살펴보았다면 이 장에서는 각 심리이론의 여러 가지 개입 기술 중 청소년 라이프 코디네이팅 과정에 적합하다고 여겨지는 행동적, 정서적, 인지적 개입 기술에 대해 살펴보고자 한다.

1. 행동적 개입

1) 행동 조형

행동 조형(behavior shaping)은 학습해야 할 최종의 목표행동에 도달하기 위해 순서적이며 단계적으로 학습하는 방법이다. 어려운 과제를 한 번에 제시하지 않고 쉬운 것부터 단계적으로 과제를 제시하여 행동을 조형하는 방법으로 연속적으로 접근한다.

행동조형은 전혀 해 본 적이 없거나 거의 하지 않으려는 행동을 가르치고자 할 때 이용하는 방법으로 새로운 행동을 형성하고자 하는 것이다. 예를 들면, 글을 써 보지 않은 아이가 처음부터 대학노트에 글을 쓰기는 어려우므로 처음에는 큰 네모 칸에 글을 쓰게 하고 그다음에는 가로로만 된 공책에 쓰게 하면서 점점 목표행동에 다가가도록 하기 위한 것이다.

행동 조형은 자연스러운 순서의 행동처럼 수행 방식으로 진행되며 강화와 소재가 연속적으로 적용된다. 차별적 강화와 점진적 접근에 대해 살펴보면 다음과 같다.

- 차별적 강화: 특정 행동만을 강화하고 나머지 다른 행동은 강화하지 않는 것이다.
- 점진적 접근: 차별적 강화를 하면서 동시에 목표행동에 점차적으로 접근해 가는 행동을 강화하는 것이다.

그 과정을 살펴보면 다음과 같다.

① 목표행동을 설정한다.
② 목표행동을 세부적으로 구체화한다. 즉, 목표행동에 근접할 수 있도록 가장 먼저 시작할 행동을 결정한다. 이 단계에서 행동과제분석을 통해 출발점행동을 결정한다. 행동과제분석은 복잡한 행동이나 과제를 위계에 따라 분류하여 소단위의 행동으로 세분화하는 것이다.
③ 강화물을 결정한다. 청소년에게 가장 적절한 강화물을 선택하며 각

단계별 행동에 대한 보상 내용도 단계화하고 다양화하는 것이 효과적이다.

④ 각 단계 행동을 강화한다. 각 단계의 행동을 성공적으로 수행할 때마다 강화한다. 적절한 시기에 다음 단계의 행동을 강화하기 시작한다. 보통 한 단계 목표행동을 4~5회 정도 시행하고 다음 단계 목표행동으로 넘어간다.

예 김 교사는 철수가 발표를 잘할 수 있도록 하기 위해(목표행동), 선생님과 눈맞추기, 발표하기 위해 손 들기, 일어서서 발표하기(목표행동을 구체화) 등으로 행동변화 단계를 정하고 각 단계에 적절한 강화물을 제공하였다.

2) 행동 연쇄

행동 연쇄(behavior chaining)는 목표행동을 구성하는 일련의 연결된 행동을 여러 단계로 나누어 한 단계씩 강화를 통해 학습하는 방법이다. 하나의 고리로 순서적으로 연결된 행동에서 앞 단계의 행동은 다음 단계의 행동으로 연결된다.

행동연쇄는 단순한 행동을 연결하여 복잡한 행동의 학습을 유도하는 것으로, 특정한 행동을 하는 데 필요한 부분 동작들을 연결하여 좀 더 복잡한 행동을 하도록 하는 것이다. 예를 들면, 수영이나 골프를 배울 때 동작을 나누어서 배우는 것 등이 있다.

행동연쇄법은 자연스러운 순서의 행동에 순행하거나 역행하는 방식으로도 진행이 되며 강화와 소거가 목표행동의 맨 마지막에 제공된다.

3) 역할연기와 시연

바람직한 반응을 생생한 연기를 통해서 행동변화를 증진하는 기법이다. 역할연기(role playing)와 시연(rehearsal)의 공통 요소를 살펴보면 다음과 같다.

① 청소년 스스로 자기 모습, 다른 사람, 사건, 반응을 재연한다.
② 재연은 지금 현재(here and now)에 초점을 맞춘다.
③ 처음에는 청소년에게 덜 어려운 장면을 재연하고 나중에 점점 더 어려운 장면을 재연하는 점진적인 과정을 거친다.
④ 코디네이터와 다른 보조자가 청소년에게 피드백을 해 준다.

4) 체계적 둔감법

울프(Joseph Wolpe)에 의해 개발된 체계적 둔감법(systematic desensitization)은 내담자로부터 불안, 공포와 같은 정서적 문제를 해결하는 데 효과적인 방법이다. 부정적이고 긴장된 정서와 연합된 대상, 장면, 상황을 이러한 정서와 반대되는 편안함과 같은 정서적 반응과 다시 연합하는 것이다. 즉, 고소공포증을 가지고 있는 사람이 높은 곳에 올라갔을 때 매우 기분 좋고 행복했던 장면을 떠올림으로써 긴장과 불안을 약화할 수 있다. 이것은 긴장이 유발될 때 이와 반대되는 정서를 유발하여 억제하는 역제지(reciprocal inhibition)의 방법이다. 역제지는 불안반응과 인정반응이 동시에 발생할 수 없기 때문에 인정반응을 일으켜 불안반응을 억제하는 방법이다. 체계적 둔감법은 이완훈련, 불안위계표 작성, 체계적 둔감의 순서로 진행된다.

① 근육이완훈련: 자신의 신체 부위(얼굴부터 발까지 모든 부위)에 집중하여 힘을 주었다가 빼는 연습을 한다. 이때 자신의 몸이 긴장되고 이완된다는 것을 알아차린다.
② 불안위계목록 작성한다. 자신에게 불안한 상황에 대한 목록을 만든 후 가장 불안도가 약한 정도부터 심한 정도까지 순서를 정해 배열한다. 불안유발 점수를 기록할 때 아주 낮은 수준인 0에서 매우 높은 수준인 100까지 표시한다. 주의할 점은 위계를 정한 순서에서 인접한 두 항목 간의 점수 차이가 10 이상 날 때에는 새로운 항목을 추가되하여야 한다.
③ 불안을 가장 적게 일으키는 장면부터 상상한다. 불안이 높아지면 이완훈련이나 즐거운 장면을 상상한다.
④ 한 항목에 대해 불안이 나타나지 않으면 다음 단계의 불안한 상황을 같은 방법으로 연습한다.

2. 정서적 개입

1) 감정 도표 그리기

종이 한 면에 두 개의 큰 원을 그리고 하나의 원에는 코디네이터가 예시로 감정 도표를 그려서 보여 준다. 그리는 방법은 큰 원을 백분율로 생각하여 감정의 크기를 피자 자르듯이 선을 그리는 것이다. 우울이 50% 정도라고 생각하면 원의 반을 자르는 선을 그리고 짜증이 30%이면 그에 해당하는 면적만큼 선을 그어 표시하면 된다.

지시문

사람들은 감정을 느낄 때 하나만 느끼는 것이 아니라 여러 가지 감정을 동시에 느낄 수 있습니다. 이러한 복잡한 감정은 사람에 따라 느낌의 크기가 다를 수도 있습니다. 다음 원에 당신이 느끼는 감정을 표시해 보세요.

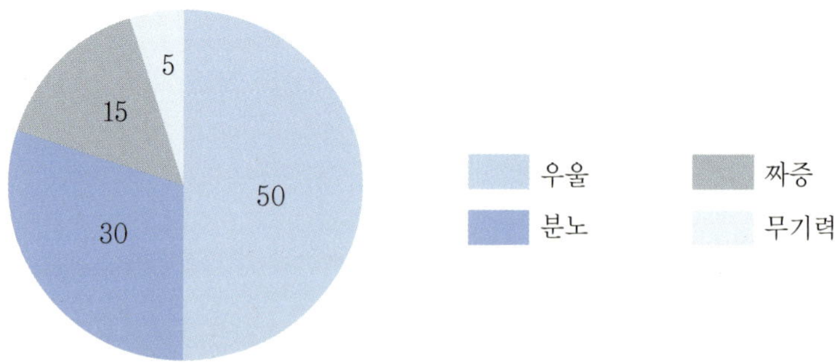

2) 감정 체크리스트

청소년이 느끼는 다양한 감정을 확인하고 어떤 정서적인 도움을 줄 것인지를 판단한다. 청소년이 지난 몇 달 동안 경험해 온 주요한 감정을 체크리스트에 표시하게 한다. 표시된 감정이 생겼을 때의 상황을 살펴본다. 상황과 감정을 같이 탐색한다.

	우울		긴장		들뜸
	화		염려		환희
	슬픔		무서움		즐거움
	좌절		공포		기쁨
	흥분		미움		사랑
	실망		질투		행복
	외로움		의심		만족
	걱정		시기		안도
	혼란		의기소침		편안함

3) 풍선 표정 그리기

최근에 느끼는 여러 감정을 풍선 그림 위에 얼굴 표정을 그리도록 한다. 그림을 그린 후 풍선이 어떤 표정인지 청소년에게 질문을 해서 다시 확인한다. 그리고 감정 도표와 마찬가지로 풍선의 크기에 따라 감정의 크기를 나타내도록 한다. 실제 풍선을 가지고 실시할 수 있다.

4) 인형을 이용하여 감정 표현하기

마음에 드는 인형을 선택하도록 한다. 한동안 인형을 가지고 노는 모습을 관찰한 후 인형에 대해 여러 가지 마음을 간접적으로 파악할 수 있는 질문을 한다.

- 그 인형의 나이는 몇 살이니?
- 인형의 이름은 무엇이니?
- 인형은 누구와 살고 있니?
- 인형은 지금 기분이 어떤 것 같니?

3. 인지적 개입

1) 지시와 재결단 작업

지시(injunction)와 재결단(redecision) 작업은 교류분석(TA)에서 사용하는 개입방법이다. 지시란 부모와 같은 메시지(언어적 · 행동적)로 정의 되는데 아이들이 생존하기 위해 그리고 인정과 승인을 얻기 위해 하는 일과 그렇게 되도록 한다는 것을 의미한다.

재결단이란 사람들이 받아들이는 금지령이나 결정의 결과가 무엇이든 지간에 재결정을 학습하여 그들 원래의 결정을 수정하는 것이다.

지시문

1	당신의 어린 시절에 어머니께서 부정적이거나 나쁜 일이라고 말한 것은 어떤 것이었습니까?
2	아버지께서 부정적이거나 나쁜 일이라고 말한 것을 떠올려 봅시다.
3	다음 지시 중 당신이 성장하면서 가장 많이 들은 두세 가지 말을 떠올려 봅시다. – 하지 마라 – 그렇게 있지 마라 – 가까이 하지 마라 – 거드름 피우지 마라 – 어린아이처럼 굴지 마라 – 너처럼 하지 마라 – 어울리지 마라 – 느끼지 마라
4	이러한 지시 가운데 하나를 선택하십시오. 지시에 따라 당신의 삶을 결정한 것을 기술하거나 말해 보십시오.
5	그 결정에 대해서 어떤 생각이 일어났습니까? 그것은 사실입니까? 그것은 당신이 느끼고 행동하는 데 어떤 영향을 주어야 하는 것입니까?
6	이러한 결정이 당신에게 현재 적절한 것인지 판단해 보십시오. 현재 당신에게 맞는 방식의 결정을 적어 보십시오. 이 새로운 결정에 대해서 어떻게 느끼십니까?
7	새로운 결정이 효과적일 수 있도록 계획을 세워 봅시다. 어떤 장애가 있을 것 같습니까? 이것을 결정하지 못하게 하는 생각은 무엇이 있습니까? 당신의 계획을 유지하는 데 필요한 생각은 무엇입니까?

2) 사고중지 기법

청소년은 문제 사고에 집중하고 코디네이터가 신호를 주면 그 사고를 멈추도록 하는 기법이다. 이 기법은 지속적이고 반복적인 문제 사고를 갖는 청소년에게 적합하다.

지시문

1	청소년에게 편안하게 의자에 앉도록 지시하고 문제 상황을 회상하도록 한다. "몇 분 동안 눈을 감고 몸을 편안하게 하십시오. 그리고 당신이 힘들어하는 상황을 회상해 보십시오."
2	회상하면서 일어나는 생각이나 심상이 무엇인지 집중하게 하고 말로 표현하게 한다. "그 상황에서 당신 마음속에 떠오르는 생각에 주의를 기울이십시오. 어떤 생각인지 알아차렸으면 나에게 말씀해 보세요."
3	청소년이 생각이나 심상을 부정적이거나 비합리적으로 말하였을 때 코디네이터는 '그만'이라고 말하여 중지시킨다. 코디네이터가 개입하는 강도는 청소년이 놀라기에 충분해야 하며 부적응적인 생각이나 심상을 사라지게 하는 데 효과적이어야 한다.
4	'그만' 하고 코디네이터가 중지시킨 후에 청소년의 부적응적인 사고에 어떤 일이 나타났는지 물어본다. 보통 청소년은 "생각이 없어졌어요."라고 말한다. 중요한 것은 청소년 자신이 스스로 이러한 절차를 사용할 수 있도록 하는 것에 있다. 코디네이터는 "내가 '그만' 하고 말하지 않더라도 당신 스스로 생각을 멈추게 하세요."라고 말할 수 있다.

3) 현실치료(WDEP)

현실치료는 1950년대 글래서(Glasser)가 주장한 이론으로 자기 자신의 욕구를 건강한 방법으로 충족하기 위해 행동을 주도적으로 선택하고 책임을 지도록 개입하는 과정이다. 현실치료에서는 많은 사람이 여러 가지 삶의 현장에 활용할 수 있는 실용적이고 구체적인 이론과 방법을 가르쳐

주어 성숙한 인간으로서의 삶을 영위할 수 있도록 돕는 데 목표를 두고 있으며 그중 하나가 WDEP 과정이다.

WDEP 과정은 청소년을 감독하고 동기를 부여하는 동안 탐색되어야 할 일련의 질문을 던지는 과정을 의미한다. 이 체계는 청소년 내면의 욕구가 무엇인지 스스로 알게 해 주고 보다 높은 수준으로 동기화되도록 유도한다.

W (What do you Want?)	청소년의 욕구와 바람을 스스로 탐색하는 단계로 자신의 욕구를 충족할 수 있는 방법을 발견하도록 한다.
D (What are you Doing?)	현재 행동을 파악하는 단계로 청소년이 자신의 행동 방향을 탐색하도록 한다.
E (Evaluate what are you doing)	청소년 스스로 자신의 행동과 욕구와의 관계를 점검해 보는 단계다.
P (Make a Plan)	청소년의 바람과 욕구를 충족할 수 있는 계획을 수립하는 단계다.

4) 열한 가지 비합리적 신념 및 ABCDE 이론(REBT)

합리적-정의적-인지적 치료(REBT)이론의 주창자인 엘리스(Ellis)는 개인이나 집단이 지니고 있는 부적응행동을 유발하는 모든 형태의 사고를 비합리적인 신념이라고 하였다. 비합리적 신념은 경험적으로 타당화될 수 없고, 비현실적이거나 경직되어 융통성 없는 사고방식으로서, 흔히 '~해서는 절대 안 된다' '~하는 것은 엄청나게 비참한 일이다' 등과 같은 형태를 띠고 있다. 인간의 감정은 신념의 결과로 나타나는 것이며,

부적응적인 분노, 수치, 불안, 공포 등의 감정은 비합리적 신념에서 기인한다. 이러한 비합리적 신념은 합리적인 논박, 도전을 통해 효과적으로 교정될 수 있다.

이러한 비합리적 신념은 우리가 일상생활에서 흔히 가질 수 있는 것으로 융통성, 현실성, 유용성 등의 방법을 통해 합리적 신념으로 바꿀 수 있다. 융통성이란 '모든' '반드시' '항상' 을 넣어 비합리적으로 생각하지 않는 것이며, 현실성은 '모든 이에게 사랑받기' 가 현실에서 가능한 신념인가를 생각하는 것이다. 유용성은 자신이 가진 신념이 자기 자신을 위한 것인지를 생각해 봄으로써 합리적으로 바꾸는 것이다.

엘리스의 열한 가지 비합리적 신념은 다음과 같다.

■ 인생의 열한 가지 비합리적 신념

① 나는 내가 만나게 되는 모든 사람에게서 사랑이나 인정을 받아야 한다고 생각한다.

② 나는 완벽할 정도로 유능하고 합리적이며 성공적인 가치 있는 사람으로 인식되어야 한다.

③ 일부 사람은 나쁘고 사악하며 악랄하기 때문에 비난과 벌을 받아야 한다.

④ 내가 원하는 대로 일이 되지 않을 때 그것은 내게 인생의 대실패나 다름없다.

⑤ 불행은 내가 통제할 수 없는 상황에 의해 발생한다.

⑥ 위험하거나 두려운 일은 큰 걱정거리를 제공하며, 결국 내게 해를

끼치게 될 것이라는 우려가 항상 든다.

⑦ 어떤 난관이나 책무는 직면하기보다 피하는 것이 더 쉽다.

⑧ 어느 정도는 다른 사람에게 의존해야 하며, 나를 돌봐 줄 사람을 주위에 두고 있어야 한다.

⑨ 과거의 경험과 사건은 현재 나의 행동을 결정한다. 과거의 영향은 결코 사라지지 않는다.

⑩ 나는 다른 사람의 문제나 고통에 대해 크게 당혹스러워해야 한다.

⑪ 모든 문제에는 정확하거나 완벽한 해결책이 있으므로 그 해결책을 찾아야 한다. 그렇지 않으면 결국 대혼란이 가중될 것이다.

다음의 모형은 우리의 사고가 어떻게 감정을 만드는지, 그리고 그러한 감정을 유발하게 하는 생각에 어떻게 대항할 수 있는지를 보여 준다.

REBT의 ABCDE

A(사건)	부정적인 감정을 유발하거나 부적절한 부적응 행동을 유발하는 상황, 대상, 자극 (예) 시험에 떨어졌다.	
C(결과)	분노, 우울, 공격적 행동 (예) 실망스럽고 좌절감을 갖게 된다.	
B(신념)	D(논박)	E(효과)
모든 사람의 인정을 받아야 한다. (예) 시험에 떨어지면 못난 놈이다.	• 모든 사람의 인정을 받는 것이 현실로 가능한가? • 인정을 받아야 할 필요는 무엇인가? • 내가 모든 사람의 인정을 얻어야 하는 근거는 무엇인가?	• 나는 뭐든 잘해서 인정받고 싶지만 반드시 인정을 받아야 할 필요는 없다. • 잘한다고 모든 사람이 드러내면서 인정하고 칭찬하는 것은 아니다.

5) 거꾸로 하기(역개입법)

거꾸로 하기(countering)는 다른 생각을 선택하고 적용해 보는 것으로 자신의 비합리적인 신념이나 사고와 반대되는 신념을 생각하거나 행동하기, 매우 전위적인 형태로 논쟁하기, 자신의 그릇된 신념체계를 설득하기 등과 같은 활동으로 구성되어 있다.

거꾸로 하기의 여섯 가지 규칙은 다음과 같다.

① 거짓 신념에 정면으로 반대되는 것이어야 한다.

　예 내 성적이 떨어지면 부모님은 나를 사랑하지 않을 것이다. → 부모님의 사랑은 나의 성적과 관계가 없어.

② 현실적으로 실현 가능하고 믿음을 줄 수 있는 문장이어야 한다.

　예 좋은 대학에 가려면 고등학교에서 모두 100점을 받아야 한다. → 모두 100점을 맞아야만 좋은 대학에 갈 수 있는 것은 아니다.

③ 가능한 한 많은 합리적인 대안적 사고와 신념을 나타내는 문장을 개발해야 한다.

④ 합리적 사고의 표현과 문장 구성은 청소년 스스로 만들어야 하며 코디네이터는 지도하는 역할만 담당한다.

⑤ 문장은 간결하게 작성해야 하며 몇 개의 단어로 요약하는 방법도 효과적이다.

⑥ 적극적이며 강렬한 정서로 표현하여 활력 있고 열성적인 문장의 신념으로 진술해야 한다.

참고문헌

김유숙(2002). **가족치료: 이론과 실제(개정판)**. 서울: 학지사.

송정애(2010). **가족상담의 이론과 실제(2판)**. 파주: 양서원.

정순례, 양미진, 손재환(2010). **청소년상담: 이론과 실제**. 서울: 학지사.

伊東明(2005). **(비즈니스를 성공으로 이끄는) 코칭대화기술**(김경섭 역). 파주: 김영사. (원저는 2002년 출간)

제 3 부

청소년 라이프 코디네이팅 영역

제8장 청소년 학습 코디네이팅

청소년 학습 코디네이팅이란 전문가(청소년지도사, 상담자, 교사 등)가 학습 장면에서 청소년의 학습능력 향상, 학습동기 부여, 자기주도학습능력 향상 등에 조력하는 활동이다. 청소년기에 청소년은 스스로 생각하고 궁리하는 힘을 키우게 되고, 이는 청소년이 삶을 살아가는 데 크게 영향을 미친다. 그러므로 청소년은 학습능력을 키우는 것이 중요하다. 청소년 학습 코디네이터는 학습 코디네이팅 과정을 통해 청소년의 학습 요구를 진단하고, 목표를 설정하여 행하며, 스스로 학습 성과를 평가할 수 있도록 함으로써 청소년이 스스로 생각하고 문제를 해결하는 힘을 키울 수 있도록 도와줄 수 있다. 나아가 청소년이 자신의 진로를 탐색하고 준비하는 데 있어 중요한 역할을 할 수 있다.

1. 청소년 학습 코디네이팅의 필요성

"공부는 왜 해야 하는가?" 이런 질문은 우문일 수도 있고 황당한 질문일 수도 있다. 공부는 좁은 의미에서 '학문이나 기술을 배우거나 닦는 것'이지만, 넓은 의미에서는 학문이나 기술에만 그치는 것이 아니라 실생활에서 겪는 모든 것을 공부라 할 수 있다.

그렇다면 학생들은 공부를 무엇이라고 생각할까? 대개 학생들은 좋은 대학이나 직장에 들어가기 위해서 공부한다고 대답하거나, 시험을 잘 보기 위해서 공부를 한다고 대답한다.

그러나 공부를 잘하지 못하는 학생은 시험 시간표가 발표된 후에야 공부를 시작하거나 공부계획을 잡는 데 시간을 다 소비하는 경향이 있다. 또한 책상에 앉은 다음 주변을 정리하는 데 일정 시간을 할애하고 나서 비로소 공부를 시작하고 수업 시간에 다른 과목 공부를 하거나 숙제를 하는 등 수업에 집중하지 못하고 다른 일을 하는 경우도 있다.

학생들이 공부를 잘하기 위해서는 자기 자신이 어떤 분야에서 남보다 뛰어난 재능을 가지고 있는지 파악하고 있어야 하며, 자신의 학습 유형에 따라 다르게 접근하고 공부하는 목적을 바로 세워야 한다. 이를 통해 공부를 하고자 하는 동기도 얻을 수 있고, 비전 및 미래에 대한 계획도 세울 수 있게 된다.

청소년기에 청소년이 가지고 있는 잠재력과 가능성을 발견하도록 도와주는 사람의 존재는 한 개인의 역량을 키우는 데 중요한 역할을 한다. 특히 청소년이 학습하는 데 구체적인 도움을 줄 수 있는 사람은 청소년이 학습하고 진로를 탐색하는 데 크게 영향을 미친다. 이러한 역할은 청소년 학습 코디네이터를 통해 이루어질 수 있다. 물론 청소년의 잠재력을 키워 준다는 측면에서만 바라본다면 상담자나 리더, 혹은 교사만으로 충분하다고 생각할 수도 있다. 그러나 급변하는 사회 속에서 청소년 개개인에 맞게 세분화하고 전문적인 방법으로 청소년과 의사소통하면서 계획을 세우고, 목표 달성을 위해 도움을 주고 훈련할 수 있는 전문가가 필요하다. 청소년 학습 코디네이터는 명령과 통제 및 감시로 청소년을 훈련하는 것이 아니라 서로의 신뢰를 쌓아 가면서 청소년의 잠재력을 끌어올릴 수 있도록 한다. 따라서 성장이 필요한 청소년에게 있어서 신뢰를 기반으로 한 청소년 학습 코디네이터가 필요하다. 특히 청소년 학습 코디네이터는 청소년에 대한 이해 정도가 높으며, 학습과 관련한 구체적인 전략을 제시할 수 있기 때문에 더욱 효과적으로 청소년의 잠재력과 가능성을 탐색할 수 있도록 도움을 줄 수 있다.

청소년 학습 코디네이터는 청소년의 학습 코디네이팅을 통해 다음의 목표를 달성할 수 있도록 한다.

① 공부습관을 갖게 한다.
② 시간 관리 습관을 갖게 한다.
③ 학습효과를 높여 준다.
④ 공부에 대한 자신감을 갖게 한다.
⑤ 도전의식을 갖게 한다.
⑥ 학습목표를 달성할 수 있게 도와준다.
⑦ 청소년의 잠재능력을 발견하게 한다.
⑧ 동기 부여를 한다.
⑨ 행복을 증진해 준다.

청소년 학습 코디네이터는 학습유형검사 등 학습 진단 척도를 통해 청소년의 성향을 분석하고 그에 따른 실현 가능한 목표를 설정할 수 있도록 청소년을 도와준다. 그리고 이를 토대로 청소년에게 학습동기를 지속적으로 부여할 뿐 아니라, 일일 계획 및 주간 계획, 그리고 월간 계획 등을 통해 시간 관리 능력을 향상할 수 있도록 훈련한다. 또한 청소년이 달성하고자 했던 목표에 도달하지 못하는 원인을 분석하고 이를 토대로 목표를 수정하는 방법을 훈련한다. 그리고 청소년에게 청소년의 학습 성향에 대한 지속적인 피드백을 통해 청소년이 자신만의 학습전략을 습득할 수 있도록 한다. 이를 통해 청소년은 자기 스스로 학습할 수 있는 습관을 익힐 수 있게 된다.

청소년 학습 코디네이터는 청소년이 스스로 해답을 이끌어 낼 수 있도록 청소년의 말에 귀를 기울여 들어주고 질문하는 데서 시작할 수 있다. 또한 청소년의 가능성에 집중하고 항상 긍정적인 생각을 가질 수 있도록 도와주는 역할을 하게 된다. 그리고 청소년이 구체적이고 실현 가능한 목표를 갖도록 함으로써 학습에 대한 동기를 부여해 준다. 또한 청소년 학습 코디네이터는 청소년의 학습뿐 아니라 청소년의 내면 고민에도 귀를 기울일 수 있어야 하며, 나아가 청소년이 긍정적인 사고를 가질 수 있도록 조언해 줄 수 있어야 한다.

2. 청소년 학습 코디네이팅 과정

사전 면접을 통해 학습 코디네이팅이 필요하다고 판단되는 청소년에 대해서는 다음과 같은 절차에 따라 학습 코디네이팅을 수행한다.

1) 진단 및 분석

(1) 사전 면접

학습 코디네이팅의 사전 면접에서는 청소년의 가정환경, 성장배경 및 태도 등을 관찰하고 청소년이 이미 실시했던 심리검사 유형을 파악한다. 이를 통해 최종으로 청소년에게 실시할 검사를 판단한다.

(2) 심리검사 및 분석

사전 면접을 통해 파악한 청소년에게 필요한 검사를 실시한다. 검사는 청소년의 특성에 따라 각기 다르게 제시될 수 있다.

청소년의 학습을 진단하는 척도는 다양하게 있다. 크게 몇 가지를 살펴보면, U&I 학습전략 검사, MLST 학습전략 검사, 학업동기 및 학습전략 검사(L-MOST), 학습집중력 검사(LCT) 등이 있다.

1 U&I 학습전략 검사

연우심리연구소에서 개발 · 실시하고 있는 U&I 학습전략 검사는 학습자가 현재의 학습장면에서 적용하고 있는 학습전략을 점검하는 검사로 학습동기, 자기점검, 목표설정 등의 학습에 대한 전반적인 태도를 알아보는 검사와 주제파악, 보조기술, 시험전략 등 실제 학습장면에서의 구체적인 학습전략을 알아보는 검사, 그리고 가정 및 학급에서의 대인관계 형태 및 자존감 등을 알아보는 검사로 구분되어 있다(http://www.iyonwoo.com). U&I 학습전략 검사를 통해 학생의 학습상의 문제를 찾아내고 원인을 파악하여 개인의 수행 수준 및 환경적 · 기술적 자원의 형태를 명료하게 하고, 실질적인 학습수행의 개선으로 이어지게 하여, 학업 성취 수준을 향상하는 데 도움을 줄 수 있다.

2 MLST 학습전략 검사

한국가이던스 심리학습센터에서 개발한 MLST 학습전략 검사는 효과적인 학습이 일어날 수 있도록 하기 위해서는 다수의 전략적 행동이 필요하다는 가정에서 개발된 심리검사다. MLST 학습전략 검사는 학습과정에서 그러한 습관적, 행동적, 전략적 효율성을 측정하는 것을 목적으로 한다(http://www.guidance.co.kr).

학습전략을 총 7개의 영역으로 세분화하여 접근하고, 전체적인 학습전략에서의 장단점을 제시하기 때문에 문제점을 보완 · 수정하고 개입하는 데 매우 용이하다. 또한 학업 성취도에 영향을 미치는 중요한 요인인 심리적 특성과 동기 수준에 대한 정보가 함께 제공되기 때문에 보다 포괄적인 관점과 차원에서 학업 성취상의 문제를 이해할 수 있으며, 적응과 심리적 건강상 문제 가능성에 대한 선별(screening) 자료도 제시될 수 있다.

3 학업동기 및 학습전략 검사(L-MOST)

학지사심리검사연구소에서 개발한 학업동기 및 학습전략 검사는 학업으로 인한 문제를 해결하는 데 있어 우선 알아야 할 학업문제 유발 요인인 학업동기, 학습전략, 학업스트레스를 진단하는 검사다. L-MOST 검사는 학업동기, 학습전략, 학업스트레스 요인을 동시에 측정할 수 있으며, 학교 장면에서 학업동기 및 학습전략과 관련한 학생 개개인에 대한 유용한 정보를 제공한다(http://www.kops.co.kr).

학업동기는 학습동기와 학습효능감으로 구분하여 검사하고 있으며, 학습전략은 수업참여기술, 노트정리기술, 읽기기술, 쓰기기술, 시험치기기술, 자원관리기술, 과제해결기술, 정보처리기술의 8개 요인으로 구분하여 검사를 실시하고 있다. 학업스트레스 요인을 측정하기 위해 정서척도를 활용하여 시험불안과 주의집중의 어려움 정도를 측정하고 있다.

4 학습집중력 검사(LCT)

한국학습상담연구소에서 개발한 학습집중력 검사는 학습활동을 하는 과정에서 발생할 수 있는 여러 변수를 선별하여 학습하려는 대상에 대해 어느 정도 자신의 의식과 주의를 기울일 수 있는 태도나 능력을 측정하는 검사로 학습활동에서의 여러 가지 집중력 요소를 측정할 수 있다(http://www.klci.co.kr). 특히 이 검사는 집중이 잘되지 않아서 학업성적이나 시험준비 과정에서 어려움을 겪고 있는 학생이 어느 영역의 학습집중력이 부족한지를 파악할 수 있어 향후 학습활동에 긍정적인 도움을 줄 수 있다. 또한 학습집중력이 부족한 영역이 확인되면, 부족한 영역을 향상할 수 있는 훈련이나 교육을 받음으로써 학습집중력을 더욱 향상할 수 있게 된다.

학습집중력 검사는 주의집중 영역(경청자세, 선택적 주의력, 지속성), 흥미성 영역(학습 흥미, 학습준비, 학습동기), 자기관리 영역(책임감, 목표지향성), 학습태도 영역(학습환경, 수행양식)의 총 4개 영역으로 세분화하여 검사하고 있다.

(3) 면접

사전 면접과 다양한 검사의 결과에 기초해 청소년에게 필요한 학습 코디네이팅의 방향을 설정하고, 이를 청소년 및 청소년의 부모에게 안내해야 한다. 특히 청소년이 자신의 상황을 인식하고 이해할 수 있도록 하며, 나아가 학습동기를 유발할 수 있도록 학습 코디네이팅의 방향에 대해 학습 코디네이터와 청소년 및 청소년 부모와 합의를 이루도록 한다.

2) 설계

학습 코디네이팅의 설계 단계에서는 코디네이팅의 목적과 목표를 설정하고, 그에 따른 내용 및 방법 선정, 평가틀 구성 등의 작업이 이루어진다. 일반적인 설계 단계를 예를 들어 설명하면 다음과 같다.

(1) 목적 및 목표

◆ 상황: 학습동기 미약 및 학습전략 부족

◆ 목적: 자기이해 및 학습동기 강화

◆ 목표:

① 청소년은 자신에 대한 이해(성격, 적성, 강약점 등)를 높일 수 있다.

② 청소년은 학습동기(내재적 학습동기)를 가질 수 있다.

③ 청소년은 학습과 관련된 구체적 전략을 계획할 수 있다.

④ 청소년은 공부에 대한 자신감을 가질 수 있다.

⑤ 청소년은 학습목표를 설정하고 이를 달성할 수 있다.

〈유의사항〉

- 청소년의 발달 수준에 맞는 목표를 설정할 것
- 청소년의 언어로 목적 및 목표를 기술할 것
- 평가가 가능한 목표를 설정할 것

(2) 내용 및 방법

- 개요: 10회기(라포 형성, 자기이해, 학습동기, 학습전략 등)
- 방법: 학습 코디네이팅은 청소년에 대한 검사 및 면접을 통해 파악한 내용과 기본적으로 제공해야 하는 것을 토대로 청소년에게 가장 적합한 맞춤형 코디네이팅 회기를 구성하며, 각 회기별로 집단, 활동, 상담 등 다양한 방법을 적절히 사용할 수 있다.

◈ 회기별 내용(예시)

구분		내용
초기	1회기	청소년과 학습 코디네이터의 라포 형성 – 신뢰 형성 및 학생에 대한 이해 – 청소년 성향 분석 및 학습 방식 분석
중기	2회기	학습동기 강화 1 – 외적동기, 내적동기 – 강화, 자기효능감 – 내적 학습동기 강화 및 활용 기술 탐색
	3회기	학습동기 강화 2 – 자기결정성 – 학습된 무기력 해소
	4회기	학습동기 강화 3 – 인지 재구성 – 합리적 의사결정 – 유형별 지적능력 향상을 위한 코칭
	5회기	학습동기 강화 4 – 잠재능력 계발 – 재능 발견 및 꿈 설계
	6회기	시간관리 및 학습환경 관리 – 시간계획 세우기, 목표 세우기, 우선순위 세우기 – 생활지도 방법 탐색 집중력 향상훈련 및 학습전략 습득 – 기억력, 노트정리, 예/복습전략, 암기전략 등
	7회기	자기주도력 키우기 및 학습계획 세우기
	8회기	학습 습관 만들기
말기	9회기	학습동기 지속
	10회기	피드백(평가 및 종결) – 종결준비, 지도성강화, 효과 및 가치에 대한 공유, 부모상담/평가

(3) 평가틀 구성

- 평가대상: 청소년, 청소년 부모
- 정보수집방법: 과제물, 사전-사후 활동지
- 분석방법: 내용분석
  - 자신에 대한 이해도(성격, 적성, 강약점 등)
  - 학습동기 강화 및 지속
  - 학습습관 정착을 위한 지속행동 여부
- 일정: 1~10회기

3) 실행

학습 코디네이팅의 실행 단계에서는 설계된 내용을 토대로 실제 코디네이팅을 실시하게 된다. 이때 청소년의 특성을 파악하여 맞춤식 프로그램을 실시하도록 한다.

4) 평가

학습 코디네이팅의 평가 단계는 두 단계로 나누어 실시한다.

(1) 1단계 평가

1단계 평가는 다음과 같이 실시한다.

① 목표달성을 했는지 여부를 파악한다. 이 경우 학습 코디네이팅 설계 단계에서 구성한 평가틀에 의거하여 목표 달성 여부를 진단 및 평가한다.

② 학습 코디네이팅의 효과를 파악한다. 청소년과 학습 코디네이터의 변화와 성장에 대해 서로 인식을 공유한다.

③ 학습 코디네이팅 전반에 걸친 최종 피드백을 한다.

(2) 2단계 평가

2단계 평가는 다음과 같이 실시한다.

① 청소년이 실제로 적용할 수 있는 학습계획표를 작성하도록 한다.

② 학습 습관을 정착하여 실행하도록 한다.

③ 청소년이 학습동기를 유지할 수 있도록 방향성을 제시한다.

④ 청소년이 학습동기를 유지할 수 있도록 주변 자원을 활용할 수 있는 방법을 찾아본다. 즉, 청소년의 부모나 가족에게서 청소년이 학습동기를 유지하도록 지원받게 한다.

⑤ 학습동기를 유지하여 행동으로 실천했을 때, 청소년이 얻을 수 있는 바를 함께 생각해 보거나, 나아가 청소년의 미래를 생각해 볼 수 있도록 하여 청소년 스스로 학습동기를 강화하고 유지해야겠다는 생각을 가질 수 있도록 한다.

참고문헌

이강욱(2008). **아이를 바꾸는 학습코칭론**. 서울: 토담미디어.

전도근(2009). **자기주도적 공부습관을 길러 주는 학습코칭**. 서울: 학지사.

조동관(2009). 자기관리기술훈련이 초등학생의 자기주도적 학습태도 및 자기효능감에 미치는 효과. 광주교육대학교 대학원 석사학위논문.

Gall. M D., Gall, J. P., Jacobsen, D. R., & Bullock, T. L. (1990). *Tools for learning: A guide to teaching study skills*. Alexandria, VA: Association for Supervision and Curriculum Development.

연우심리연구소 http://www.iyonwoo.com

학지사심리검사연구소 http://www.kops.co.kr

한국가이던스 http://www.guidance.co.kr

한국학습상담연구소 http://www.klci.or.kr

제9장 청소년 진로 코디네이팅

이 장에서는 청소년 라이프 코디네이팅 중에서 진로와 관련한 내용을 정리한다. 먼저 청소년 진로 코디네이팅이 무엇인지를 정의하고 그 필요성과 구체적인 과정을 기술한다. 청소년 진로 코디네이팅이란 코디네이터가 여러 다양한 장면에서 청소년의 진로탐색, 진로계획, 진로 의사결정, 진로준비 등에 조력하는 활동으로서 성격, 적성, 흥미 등에 대한 심리검사와 면접을 통해 청소년이 자신에 대한 이해를 높이도록 돕고 또한 상담과 청소년활동을 접목한 진로 코디네이팅을 통해 청소년의 진로발달을 자극하고 촉진하는 활동이다. 진로 코디네이팅의 필요성과 구체적인 과정을 정리하면 다음과 같다.

1. 청소년 진로 코디네이팅의 필요성

행복한 삶을 영위하기 위한 조건은 한두 가지로 정의 내리기 어렵다. 다양한 요인 중 자신이 하는 일에 대해 만족하고 보람과 즐거움을 느끼며 산다는 것은 무엇보다 중요한 조건이라고 볼 수 있다. 즉, 자신이 만족할 수 있는 진로를 선택하는 것이 행복을 좌우하는 척도가 될 수 있다는 것이다.

진로선택은 인간의 삶에 매우 큰 영향을 미치기 때문에 이에 대한 고민이나 갈등은 전 생애에 걸쳐 이루어지는데, 특히 청소년기는 진로에 대한 인식과 발달이 구체적으로 진행되는 시기이므로 더욱 중요하다. 우리나라에도 진로나 학업문제에 대해 고민을 가진 청소년이 많다는 사실은 신문기사나 다양한 연구 자료를 통해 쉽게 확인할 수 있다. 그럼에도 우리나라 청소년은 이러한 문제를 대부분 친구나 부모 등과 의논할 뿐 전문적으로 도움을 줄 수 있는 지도자와 의논하는 경우는 거의 없다. 이러한 현상은 청소년이 발달단계에 맞는 진로지도를 받지 못한 상태로 진로를 결정하게 만들고 대학 선택과 전공, 직업에 대한 불만족을 초래하는 결과로 이어지고 있다.

교육과학기술부(2011a)는 2011년 진로진학상담교사 양성 및 배치를 위한 정책을 마련함으로써 중 · 고등학생이 연 2회 진로심리검사와 진로상담을 받도록 하며, 중 · 고교 5400곳에는 진로진학상담교사를 배치하는 등 진로교육을 활성화하기 위한 정책을 추진하고 있다. 그러나 진로진학상담교사의 자격요건을 살펴보면 주로 학교 교사가 몇 시간의 연수를 받고 자격을 취득하는 경우가 많아서 진로진학지도의 효율성에 의심이 생길 뿐만 아니라 진로진학상담교사가 일부 중 · 고등학교에만 배치되어 모든 청소년이 혜택을 받을 수는 없다는 점에서도 한계가 있다. 더욱이 다양한 직업이 자취를 감추거나 혹은 새로 생겨나는 등 직업 환경이 빠른 속도로 변하고 있는 시점에서 청소년에게 진로지도를 지속적이고 체계적으로 실시하여 청소년이 노동 환경의 급속한 변화에 능동적으로 대처할 수 있는 능력을 배양해야 함에도, 현재 시행되는 진로지도는 연간 2~3회의 진로상담 정도에 머물러 있다.

이처럼 우리나라는 청소년을 위한 진로지도의 체계가 미비한 실정이다. 또한 지도방법도 주로 진로상담의 형식에만 머물러 있기 때문에 성격과 흥미가 다양한 청소년의 욕구를 반영하지 못하고 있다. 따라서 상담뿐만 아니라 다양한 청소년 활동이 접목된 새로운 형태의 진로지도가 필요하고, 이를 지속적으로 제공할 수 있는 시스템을 구축하여야 한다.

그간 청소년 진로지도와 관련하여 다양한 논의가 전개되어 왔다. 이에 따라 진로지도의 목표와 내용도 다양한 관점에서 논의되어 왔는데, 청소년 진로지도의 목표를 '자신에 관한 정확한 이해, 직업세계에 대한 이해, 합리적인 의사결정 능력 함양, 정보탐색 및 활용능력의 함양' 등으로 제시하기도 하고(김봉환, 박예진, 2010), 개인의 진로선택, 적응, 발달에 초점을 둔 교육으로 각 개인이 자기 자신과 일의 세계를 인식하고 탐색하여 자신에게 적합한 일을 선택하고 이를 잘 수행할 수 있도록 취학 전부터 시작하여 평생 동안 학교, 가정, 사회에서 가르치고 지도하고 돕는 것에 두기도 한다(남은주, 2008).

교육과학기술부(2011b)는 최근 교육과정에 창의적 체험활동이라는 영역을 신설하고 진로활동을 한 영역으로 분류함으로써 학교 내에서 진로교육을 강화하려는 노력을 기울이고 있다. 정규교육과정으로서의 진로활동은 학생의 흥미, 특기, 적성에 적합한 자기계발 활동을 통하여 진로를 탐색하고 설계하는 것을 목표로 삼고 이를 달성하기 위해 '자기이해, 진로정보탐색, 진로계획, 진로체험' 활동을 교육내용에 포함하고 있다.

진로 코디네이팅은 자기이해, 진로정보탐색, 진로계획, 진로체험의 요소를 포함한다. 더불어 급변하는 직업 환경에 능동적으로 대처할 수 있는 능력을 함양하고자 기업가정신교육의 가치교육을 병행한다. 기업가정신교육은 기업가가 되려는 청소년만이 아닌 누구에게나 필요한 교육으로서 변화의 흐름 속에서 기회를 포착하고 효율적인 가치창조과정을 통해 혁신적인 변화를 이끌어 내는 것을 목표로 한다. 일반적으로 청소년을 위한 기업가정신교육은 자신에 대한 이해, 세상의 변화와 시장의 수요에 대한 이해, 가치 창조하기, ICT 서비스교육 등으로 구성된다(장영화, 2013). 본 과정에서는 기업가정신교육에서 주요한 가치로 제시하는 '수평적 · 개방적 의사소통능력과 기회발굴능력' 을 함양할 수 있는 내용을 추가하였다.

이처럼 진로 코디네이팅은 진로상담뿐만 아니라 다양한 진로 관련 활동(프로그램)을 접목하여 청소년의 개인적 특성이나 욕구에 맞게 진로지도의 내용을 구성할 수 있고, 청소년과 부모의 욕구가 있다면 이를 지속적으로 제공할 수 있다는 점에서 진로지도의 새로운 대안이 될 수 있다.

2. 청소년 진로 코디네이팅의 과정

사전 면접을 통해 진로 코디네이팅이 필요하다고 판단된 청소년에 대해서는 다음의 절차에 따른 진로 코디네이팅을 수행한다.

1) 진단 및 분석

진단 및 분석 단계는 진로 코디네이팅을 실시하기 위한 기초자료를 수집하는 단계로서 청소년의 전반적인 특성과 기능 수준에 대해 이해하는 것이 중요하다. 이 단계는 사전 면접, 심리검사 및 분석, 면접 등의 과정을 거치게 되는데 단계별 세부 내용은 다음과 같다.

(1) 사전면접

진로 코디네이팅의 사전 면접에서는 청소년의 가정환경, 성장배경 및 태도 등을 관찰하고 청소년이 이미 실시한 심리검사의 유형을 파악한다. 이를 통해 최종으로 청소년에게 실시할 검사를 판단한다.

(2) 심리검사 및 분석

심리검사 및 분석 단계에서는 우선 청소년의 성격이나 인성 등을 파악하기 위한 기본적인 심리검사를 실시한다. 주로 수행되는 심리검사로는 MBTI, MMPI 등이 있다. 이 외에 진로 코디네이팅에서 추가로 실시할 수 있는 심리검사는 홀랜드(Holland)의 진로발달 및 탐색 검사, SAI 청소년 강점 검사, CCI 청소년 진로역량 검사, CHCA 적성검사, 다면적 능력검사, CTI 진로사고 검사, 계열탐색 검사, U&I 진로탐색 검사, STRONG 검사 등의 여러 유형이 있다(http://www.guidance.co.kr; http://www.

iyonwoo.com). 이 중 대표적으로 사용되는 홀랜드 진로발달 및 탐색검사, U&I 진로탐색 검사, STRONG 검사를 소개하고, 이 외에 한국가이던스에서 제시하는 몇 가지 진로 관련 검사를 설명하면 다음과 같다.

1 홀랜드 진로발달 및 탐색 검사: 6각형 진로모형

홀랜드 직업적 성격이론에 근거하여 제작된 홀랜드 진로발달 및 탐색 검사는 전 세계적으로 가장 많이 사용되고 있다. 홀랜드 검사는 실재형(R), 탐구형(I), 예술형(A), 사회형(S), 기업형(E), 관습형(C)의 6개 유형으로 구분된다. 실재형(R)은 솔직하고, 성실하고, 검소하며, 신체적으로 활동적인 성격을 가지고 있고, 소박하며 말이 적고 기계적인 적성이 높다. 탐구형(I)은 탐구심이 많고, 논리적, 분석적, 합리적인 성격을 가지고 있으며, 지적 호기심이 많고 수학적, 과학적인 적성이 높다. 예술형(A)은 상상력이 풍부하고, 감수성이 풍부하며, 자유분방하고 개방적인 성격을 가진다. 예술에 소질이 있고, 창의적인 것을 창출해 내는 데 적성이 있다. 사회형(S)은 다른 사람에게 친절하고 이해심이 많으며, 남을 도와주려는 경향이 높고, 봉사하고자 하는 마음이 크다. 그리고 대인관계 능력이 좋고, 사람들을 좋아하는 성향을 가진다. 기업형(E)은 지도력과 설득력을 가지고 있고, 열성적이고 경쟁적이며 야심이 있다. 외향적이고 통솔력을 가지고 있으며, 언어와 관련된 적성이 높다. 관습형(C)은 책임감이 강하고 빈틈이 없으며, 행동을 할 때에 있어 조심스러운 면을 가진다. 변화를 좋아하지 않고 계획성이 있으며 사무능력과 계산 능력이 높다.

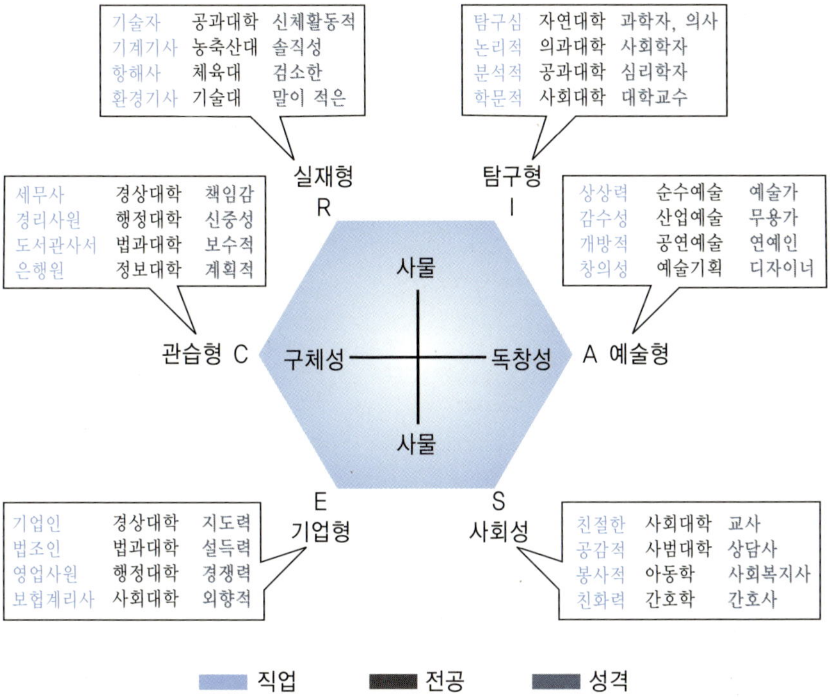

그림 9-1 홀랜드 진로발달 및 탐색검사

출처: http://www.guidance.co.kr

2 STRONG 검사

STRONG 검사는 개인의 직업 홍미에 적합한 진로가 무엇인지 알려 주기 위해 개발된 검사다. 즉, 다양한 분야의 친숙한 문항으로 구성된 홍미 목록 형태로 제시하여, 각 문항에 대한 개인의 홍미 정도 또는 홍미 유무를 묻고, 그 결과 개인이 어떤 활동에 가치를 두는지, 어떤 직업에 적합한지, 어떤 환경이 적합한지, 어떤 사람과 일하는 것을 좋아하는지 등에

척도

일반직업분류(GOT)-포괄적인 흥미패턴

일반직업분류(GOT)는 직업심리학자 존 홀랜드(JOHN L. HOLLAND)의 직업선택이론이 반영된 척도입니다. 6가지 흥미유형척도로 분류되어 있으며 내담자의 흥미영역에 대하여 포괄적인 정보를 제공합니다. 각 유형에 속한 사람들이 좋아하는 활동은 무엇인지, 그들에게 적합한 직업의 종류는 무엇인지, 어떠한 직업, 여가 혹은 생활환경이 그들에게 편안한지, 어떤 사람들이 그들의 마음을 끄는지 등에 대한 정보가 포함되어 있습니다. 개인의 흥미유형을 파악하고 이와 관련된 직업, 직무, 진로 및 진학정보를 제공하므로 자신의 특성을 이해하고 직업세계를 탐색하는 데 유용하게 활용될 수 있습니다.

HOLLAND의 6각 모형이론에 의한 6가지 흥미유형척도

기본흥미척도(BIS)-특정 활동, 주제에 대한 자신의 흥미 활동

기본흥미척도(BIS)는 6가지 흥미유형을 총 25개 세부항목으로 나누어 개인의 흥미유형을 이해하는 데 도움을 주기 위해 개발되었습니다. 총 25개 기본흥미척도(BIS) 문항에 대한 응답점수를 비교해 봄으로써 일반직업분류(GOT)의 6가지 흥미유형점수에 대한 보다 구체적인 정보를 얻을 수 있습니다. 따라서 전공과 직업뿐만 아니라 여가생활에 대한 흥미를 탐색하는 데 도움이 되며, 보다 구체적인 직업탐색 및 진학계획, 경력개발 등에 효과적으로 활용될 수 있습니다.

	GOT(General Occupational Themes)		BIS(Basic Interest Scales)
R	현장형 Realistic	기계 및 건설분야, 신체 활동	농업 / 자연 / 군사활동 / 운동경기 / 기계관련활동
I	탐구형 Investigative	분석 및 조사분야, 연구활동	과학 / 수학 / 의학
A	예술형 Artistic	문화 및 예술 분야, 창작활동	음악 / 드라마 / 응용미술 / 글쓰기 / 가정 / 가사
S	사회형 Social	교육 및 서비스 분야, 봉사활동	교육 / 사회봉사 / 의료봉사 / 종교활동
E	진취형 Enterprising	사업 및 정치분야, 설득활동	대중연설 / 법 / 정치 / 상품유통 / 판매 / 조직관리
C	사무형 Conventional	사무 및 정보처리 분야, 관리활동	자료관리 / 컴퓨터활동 / 사무활동

개인특성척도(PSS)-업무형태, 학습스타일, 리더십, 모험심 등의 개인선호도 평가

개인특성척도(PSS)는 일상생활 및 일의 세계와 관련된 광범위한 특성(업무유형, 학습유형, 리더십유형, 모험심유형)들에 대한 개인의 선호를 측정합니다. 이는 일반직업분류(GOT)나 기본흥미척도(BIS)의 결과를 뒷받침하거나 강조할 수 있고, 그 결과와 통합되어 해석될 때 직업선택의 범위를 줄일 수도 있습니다. 따라서 개인이 직업을 선택할 때 고려해야 할 사항들을 구체화하고, 개인이 가장 편안하게 할 수 있는 직업 활동 유형을 이해하는 데 도움을 줍니다.

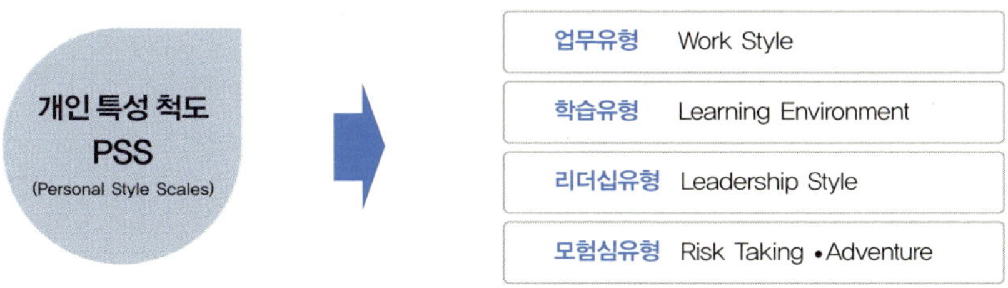

그림 9-2 STRONG 검사

출처: http://www.kpti.com

대한 정보를 제공한다. STRONG 검사는 STRONG 진로탐색 검사와 STRONG 직업흥미 검사 두 종류가 있다.

STRONG 진로탐색 검사는 진로성숙도와 흥미척도로 구성되어 있어, 학생들이 자신에게 적합한 진로를 찾기 전에 우선 해결해야 할 진로문제가 있는지, 각 개인의 흥미 유형을 토대로 개인에게 적합한 학과 및 직업 분야는 어떤 것이 있는지 등에 대한 구체적인 정보를 제공해 준다. STRONG 직업흥미 검사는 세분화된 직업흥미 탐색을 통해 개인의 흥미 영역 세분화에 초점을 두고, 보다 구체적인 직업탐색 및 진학계획, 경력 개발 등에 효과적으로 사용하도록 만들어졌다.

3 U&I 진로탐색 검사

연우심리연구소에서 실시하고 있는 U&I 진로탐색 검사는 개인의 진로 성숙도와 진로흥미, 진로성격을 종합적으로 진단할 수 있는 검사로 2002년 표준화작업을 거쳐 개발되었다. U&I 진로탐색 검사는 U&I 진로성숙도, U&I 진로흥미 검사, U&I 진로성격 검사로 구성되어 있다. U&I 진로 성숙도는 자신에게 맞는 직업을 선택, 준비하는 정도와 직업과 진로에 대한 전반적인 태도를 측정하는 검사로 진로결정성, 진로목적성, 진로확신성, 진로준비성, 진로독립성, 가족일치성의 6개 소척도로 구분할 수 있다. U&I 진로흥미 검사는 10개 직업흥미군(산업기계, 과학, 예술, 자연, 휴먼, 서비스, 사무, 행정/경영, 보호, 신체활동)의 대표적인 직업 및 직무 중 어느 영역에 대해 홍미를 보이는지 측정하는 검사다. U&I 진로성격 검사는 각각의 직업군 종사자가 가지는 일반적인 성격적인 특징에 어느 정도에 해당하는지를 측정하는 검사다.

④ SAI 아동 강점 검사

이 검사는 청소년이 자신의 강점을 좀 더 객관적으로 확인할 수 있기 때문에 어떤 직업을 선택하면 좋을지에 대한 방향을 제시해 줄 수 있어 유용하게 활용될 수 있다. 관련 직업 분야와 역할에 대한 이해를 통하여 강점을 발휘할 수 있는 진로 분야를 선택하게 된다면 그 후의 직업에서나 개인생활을 만족스럽고 행복하게 보낼 수 있기 때문이다. 이 검사는 '지혜, 학구열, 창의력, 호기심, 진실함, 성실성, 신체활동, 용기, 경쟁, 대인관계, 배려, 리더십, 자기조절력, 예술성, 낙관성, 미래지향성, 유머, 사회적 바람직성'의 요소 가운데 청소년의 강점을 찾고 강점을 활용하여 진로 선택을 할 수 있도록 도울 수 있다(http://www.guidance.co.kr).

⑤ CTI 진로사고 검사(고등학생용)

진로사고란 진로선택이나 진로결정 과정에서 나타나는 여러 가지 생각으로 진로 관련 정보를 어떻게 활용하는지와 관련한 인지적 정보처리로 볼 수 있다. 현재 많이 사용하는 적성검사나 흥미검사는 진로성숙도와 진로정체감이 부족하거나 낮은 진로결정 준비도를 가지고 있는 일부 개인에게는 효과적으로 활용되지 못하는 제한점이 있다. 진로사고 검사는 어떤 사람이 흥미검사에서 얻어지는 정보를 처리하는 데 어려움을 가지고 있는지를 찾아내는 선별도구로서 개인의 특성에 맞는 진로지도를 할 수 있다는 점에서 부정적인 진로사고를 가지고 있는 청소년에게 유익하다(http://www.guidance.co.kr).

(3) 면접

사전 면접과 다양한 심리검사의 결과로부터 청소년에게 필요한 진로 코디네이팅의 방향을 설정하고, 이를 청소년 및 부모에게 안내해야 한다. 특히 이 단계에서는 청소년이 자신의 상황을 인식하고 이해하도록 도와야 하며, 이를 통해 코디네이터와 청소년 간에 향후 진로 코디네이팅의 방향에 대한 합의가 이루어져야 한다.

2) 설계

이 단계는 진로 코디네이팅의 목적과 목표를 설정하고 그에 따른 내용과 방법을 선정, 평가틀을 구성하는 작업을 수행한다. 일반적인 설계 단계를 예를 들어 설명하면 다음과 같다.

(1) 목적 및 목표

- 상황: 자기이해 및 진로탐색 미약
- 목적: 자기이해 및 진로준비도 점검 · 계획
- 목표:
  ① 청소년은 자신에 대한 이해(성격, 적성, 강약점 등)를 높일 수 있다.
  ② 청소년은 진로에 대해 이해하고 진로를 탐색하는 기회를 가질 수 있다.

③ 청소년은 사회에서 가치창출의 기회를 포착하는 경험을 해 볼 수 있다.

④ 청소년은 자신의 진로를 준비하기 위한 다양한 노력을 지속할 수 있다.

〈유의사항〉

- 청소년의 발달수준에 맞는 목표를 설정할 것
- 청소년의 언어로 목표 및 목적을 기술할 것
- 평가가 가능한 목표를 설정할 것

(2) 내용 및 방법

- 개요: 10회기(라포 형성, 자기이해, 직업탐색, 진로준비 등)
- 방법: 진로 코디네이팅은 청소년이 자신에 대해 이해하고 다양한 직업탐색을 통해 스스로 진로를 준비할 수 있는 자세를 갖도록 돕는 내용으로 구성해야 한다. 또한 이를 수행하기 위한 방법은 상담과 청소년활동이 주를 이루고 필요에 따라 멘토링이나 컨설팅 등의 방법을 활용할 수도 있다.

◈ 회기별 내용(예시)

구분		내용
초기	1회기	청소년과 진로 코디네이터의 라포 형성 – 신뢰 형성 및 청소년에 대한 이해 – 진로준비행동 점검
중기	2회기	자신과 사회에 대한 이해 – 자신에 대한 이해 – 사회변화의 흐름 읽기
	3회기	직업의 중요성, 직업군 탐색
	4회기	진로준비행동 강화 1 – 인지 및 태도(진로목표의식 함양, 진로목표 설정)
	5회기	진로준비행동 강화 2 – 진로목표 달성을 위한 구체적인 행동 1(정보수집)
	6회기	진로준비행동 강화 3 – 진로목표 달성을 위한 구체적인 행동 2(도구준비)
	7회기	진로준비행동 강화 4 – 진로목표 달성을 위한 구체적인 행동 3(실천적 노력)
	8회기	진로준비를 위한 지속적 행동 만들기
후기 (평가)	9회기	피드백 – 지속행동 훈련, 종결 여부 판단
	10회기	피드백(평가 및 종결) – 종결식, 코디네이팅의 효과에 대한 공유, 부모상담

(3) 평가틀 구성

- 평가대상: 청소년, 청소년 부모
- 정보수집방법: 과제물, 사전-사후 활동지
- 분석방법: 내용분석
  ① 자신에 대한 이해도(성격, 적성, 강약점 등)
  ② 진로에 대해 이해
  ③ 진로준비를 위한 지속행동 여부
- 일정: 1~10회기

3) 실행

실행 단계에서는 설계된 내용을 토대로 실제 진로 코디네이팅을 실시한다. 초기 단계에서는 코디네이터와 청소년이 라포를 형성하는 데 초점을 두며, 평가를 위한 사전자료를 수집해야 한다. 중기 단계를 거쳐 진로 코디네이팅의 후기 단계에서는 청소년에게 다른 도움이 필요한지에 대한 검토를 반드시 해야 한다.

4) 평가

(1) 1단계 평가

[1] 목표달성 여부 판단: 평가틀에 의거하여 진단 및 분석

1단계 평가에서는 설계 단계에서 설정된 목표를 달성하였는지의 여부를 평가하게 된다. 설계 단계에서 목표로 세운 것은 자신에 대한 이해, 진로에 대한 이해 및 진로탐색, 사회에서 가치창출의 기회를 포착하는 경험을 해 보는 것 등이다. 이러한 목표를 달성했는지를 판단하기 위해 청소년이 스스로 자신의 성격이나 적성, 진로를 준비하는 데 있어서의 강약점 등을 기술해 보도록 하되, 1회기와 10회기에 기술한 내용을 비교하여 분석해 보는 방법을 활용할 수 있다.

2 진로 코디네이팅의 효과 공유

청소년과 코디네이터의 변화와 성장에 대한 인식을 공유하기 위해서는 참여한 청소년과 부모를 면담하여 진로 코디네이팅 과정을 통해 청소년이 성장하게 된 부분을 함께 토론해 볼 수 있다.

(2) 2단계 평가

2단계 평가에서는 진로 코디네이팅으로 형성된 청소년의 인식이나 행동이 지속적으로 유지될 수 있도록 동기를 부여하는 작업을 수행한다. 이 단계에서는 행동을 지속하게 될 때 청소년이 얻게 되는 유익을 함께 생각해 보거나, 청소년의 미래의 모습을 그려 보는 등의 작업(예: 인생 그래프)을 포함할 수 있다. 모든 작업이 완료된 이후 청소년에게 다른 도움이 필요하지 않다면 진로 코디네이팅을 안전하게 종료할 수 있다.

참고문헌

교육과학기술부(2011a). **진로진학상담교사 배치 및 운영지침.**

교육과학기술부(2011b). **창의적 체험활동 교육과정.**

김봉환, 박예진(2010). 청소년 진로지도 목표별 지도방법 탐색. **상담과 지도**, 45, 65-82.

남은주(2008). 활동중심 진로지도 프로그램이 초등학생의 자아존중감과 진로인식에 미치는 효과. **상담심리연구**, 8(1), 21-44.

장영화(2013). 지식창조사회에 부합하는 기업가정신교육의 의미와 효과: ICT서비스를 활용한 교육사례를 중심으로. **한국청소년정책연구원 세미나 자료집**. 서울: 한국청소년정책연구원.

연우심리연구소 http://www.iyonwoo.com

한국가이던스 http://www.guidance.co.kr

한국심리검사연구소 http://www.kpti.com

부록

1. 사회복지사 윤리강령

2. 청소년상담사 윤리강령

3. 코치 윤리강령

1 사회복지사 윤리강령*

전문

사회복지사는 인본주의 · 평등주의 사상에 기초하여, 모든 인간의 존엄성과 가치를 존중하고 천부의 자유권과 생존권의 보장활동에 헌신한다. 특히 사회적 · 경제적 약자들의 편에 서서 사회정의와 평등 · 자유와 민주주의 가치를 실현하는데 앞장선다. 또한 도움을 필요로 하는 사람들의 사회적 지위와 기능을 향상시키기 위해 저들과 함께 일하며, 사회제도 개선과 관련된 제반 활동에 주도적으로 참여한다. 사회복지사는 개인의 주체성과 자기결정권을 보장하는 데 최선을 다하고, 어떠한 여건 에서도 개인이 부당하게 희생되는 일이 없도록 한다. 이러한 사명을 실천하기 위하여 전문적 지식과 기술을 개발하고, 사회적 가치를 실현하는 전문가로서의 능력과 품위를 유지하기 위해 노력한다. 이에 우리는 클라이언트 · 동료 · 기관 그리고, 지역사회 및 전체사회와 관련된 사회복지사의 행위와 활동을 판단 · 평가하며 인도하는 윤리기준을 다음과 같이 선언하고 이를 준수할 것을 다짐한다.

윤리기준

Ⅰ. 사회복지사의 기본적 윤리기준

1. 전문가로서의 자세

1) 사회복지사는 전문가로서의 품위와 자질을 유지하고, 자신이 맡고 있는 업무에 대해 책임을 진다.

---

* 한국사회복지사협회, http://www.welfare.net에서 발췌.

2) 사회복지사는 클라이언트의 종교 · 인종 · 성 · 연령 · 국적 · 결혼상태 · 성 취향 · 경제적 지위 · 정 치적 신념 · 정신, 신체적 장애 · 기타 개인적 선호, 특징, 조건, 지위를 이유로 차별 대우를 하지 않는다.

3) 사회복지사는 전문가로서 성실하고 공정하게 업무를 수행하며, 이 과정에서 어떠한 부당한 압력에도 타협하지 않는다.

4) 사회복지사는 사회정의 실현과 클라이언트의 복지 증진에 헌신하며, 이를 위한 환경 조성을 국가와 사회에 요구해야 한다.

5) 사회복지사는 전문적 가치와 판단에 따라 업무를 수행함에 있어, 기관 내외로부터 부당한 간섭이나 압력을 받지 않는다.

6) 사회복지사는 자신의 이익을 위해 사회복지 전문직의 가치와 권위를 훼손해서는 안 된다.

7) 사회복지사는 한국사회복지사협회 등 전문가단체 활동에 적극 참여하여, 사회정의 실현과 사회 복지사의 권익옹호를 위해 노력해야 한다.

2. 전문성 개발을 위한 노력

1) 사회복지사는 클라이언트에게 최상의 서비스를 제공하기 위해, 지식과 기술을 개발하는 데 최선을 다하며 이를 활용하고 전파할 책임이 있다.

2) 클라이언트를 대상으로 연구하는 사회복지사는 저들의 권리를 보장하기 위해, 자발적이고 고지된 동의를 얻어야 한다.

3) 연구과정에서 얻은 정보는 비밀보장의 원칙에서 다루어져야 하고, 이 과정에서 클라이언트는 신체적, 정신적 불편이나 위험 · 위해

등으로부터 보호되어야 한다.

4) 사회복지사는 전문성을 개발하기 위해 노력하되, 이를 이유로 서비스의 제공을 소홀히 해서는 안된다.

5) 사회복지사는 한국사회복지사협회 등이 실시하는 제반교육에 적극 참여하여야 한다.

3. 경제적 이득에 대한 태도

1) 사회복지사는 클라이언트의 지불능력에 상관없이 서비스를 제공해야 하며, 이를 이유로 차별대우를 해서는 안 된다.

2) 사회복지사는 필요한 경우에 제공된 서비스에 대해, 공정하고 합리적으로 이용료를 책정해야 한다.

3) 사회복지사는 업무와 관련하여 정당하지 않은 방법으로 경제적 이득을 취하여서는 안된다.

Ⅱ. 사회복지사의 클라이언트에 대한 윤리기준

1. 클라이언트와의 관계

1) 사회복지사는 클라이언트의 권익옹호를 최우선의 가치로 삼고 행동한다.

2) 사회복지사는 클라이언트에 대하여 인간으로서의 존엄성을 존중해야 하며, 전문적 기술과 능력을 최대한 발휘한다.

3) 사회복지사는 클라이언트가 자기결정권을 최대한 행사할 수 있도록 도와야 하며, 저들의 이익을 최대한 대변해야 한다.

4) 사회복지사는 클라이언트의 사생활을 존중하고 보호하며, 직무

수행과정에서 얻은 정보에 대해 철저하게 비밀을 유지해야 한다.

5) 사회복지사는 클라이언트가 받는 서비스의 범위와 내용에 대해, 정확하고 충분한 정보를 제공함으로써 알 권리를 인정하고 존중해야 한다.

6) 사회복지사는 문서 · 사진 · 컴퓨터 파일 등의 형태로 된 클라이언트의 정보에 대해 비밀보장의 한계 · 정보를 얻어야 하는 목적 및 활용에 대해 구체적으로 알려야 하며, 정보 공개시에는 동의를 얻어야 한다.

7) 사회복지사는 개인적 이익을 위해 클라이언트와의 전문적 관계를 이용하여서는 안 된다.

8) 사회복지사는 어떠한 상황에서도 클라이언트와 부적절한 성적관계를 가져서는 안 된다.

9) 사회복지사는 사회복지 증진을 위한 환경조성에 클라이언트를 동반자로 인정하고 함께 일해야 한다.

2. 동료의 클라이언트와의 관계

1) 사회복지사는 적법하고도 적절한 논의 없이 동료 혹은, 다른 기관의 클라이언트와 전문적 관계를 맺어서는 안 된다.

2) 사회복지사는 긴급한 사정으로 인해 동료의 클라이언트를 맡게 된 경우, 자신의 의뢰인처럼 관심을 갖고 서비스를 제공한다.

Ⅲ. 사회복지사의 동료에 대한 윤리기준

1. 동료

1) 사회복지사는 존중과 신뢰로서 동료를 대하며, 전문가로서의 지위와 인격을 훼손하는 언행을 하지 않는다

2) 사회복지사는 사회복지 전문직의 이익과 권익을 증진시키기 위해 동료와 협력해야 한다.

3) 사회복지사는 동료의 윤리적이고 전문적인 행위를 촉진시켜야 하며, 이에 반하는 경우에는 제 반 법률규정이나 윤리기준에 따라 대처해야 한다.

4) 사회복지사가 전문적인 판단과 실천이 미흡하여 문제를 야기시켰을 때에는, 적절한 조치를 취하여 클라이언트의 이익을 보호해야 한다.

5) 사회복지사는 전문직 내 다른 구성원이 행한 비윤리적 행위에 대해, 제반 법률규정이나 윤리기준에 따라 조치를 취해야 한다.

6) 사회복지사는 동료 및 타 전문직 동료의 직무 가치와 내용을 인정 · 이해하며, 상호간에 민주적인 직무관계를 이루도록 노력해야 한다.

2. 수퍼바이저

1) 수퍼바이저는 개인적인 이익의 추구를 위해 자신의 지위를 이용해서는 안된다.

2) 수퍼바이저는 전문적 기준에 의해 공정하게 책임을 수행하며, 사회복지사 · 수련생 및 실습생에 대한 평가는 저들과 공유해야 한다

3) 사회복지사는 수퍼바이저의 전문적 지도와 조언을 존중해야 하

며, 수퍼바이저는 사회복지사의 전문적 업무수행을 도와야 한다.

4) 수퍼바이저는 사회복지사 · 수련생 및 실습생에 대해 인격적 · 성적으로 수치심을 주는 행위를 해서는 안 된다.

Ⅳ. 사회복지사의 사회에 대한 윤리기준

1) 사회복지사는 인권존중과 인간평등을 위해 헌신해야 하며, 사회적 약자를 옹호하고 대변하는 일을 주도해야 한다.

2) 사회복지사는 필요한 사회서비스를 개발하기 위한 사회정책의 수립 · 발전 · 입법 · 집행에 적극적으로 참여하고 지원해야 한다.

3) 사회복지사는 사회환경을 개선하고 사회정의를 증진시키기 위한 사회정책의 수립 · 발전 · 입법 · 집행을 요구하고 옹호해야 한다.

4) 사회복지사는 자신이 일하는 지역사회의 문제를 이해하고, 그것을 해결하는 일에 적극적으로 참여해야 한다.

Ⅴ. 사회복지사의 기관에 대한 윤리기준

1) 사회복지사는 기관의 정책과 사업 목표의 달성, 서비스의 효율성과 효과성의 증진을 위해 노력함으로써, 클라이언트에게 이익이 되도록 해야 한다.

2) 사회복지사는 기관의 부당한 정책이나 요구에 대하여, 전문직의 가치와 지식을 근거로 이에 대응하고 즉시 사회복지윤리위원회에 보고해야 한다.

3) 사회복지사는 소속기관 활동에 적극 참여함으로써, 기관의 성장발전을 위해 노력해야 한다.

2 청소년상담사 윤리강령*

전문

청소년상담사는 청소년의 정서, 인지, 행동 발달을 조력하는 유일한 상담 전문 국가자격증이다. 청소년상담사는 항상 청소년과 그 주변인들에게 인간으로서의 존엄성을 높이고자 노력할 것이며, 청소년이 스스로 결정할 수 있도록 도와줄 것이며, 청소년이 행복할 수 있도록 기회를 제공하는 데 최선을 다할 것이며, 청소년의 아픔과 슬픔에 대해 청소년상담사로서의 책임을 가슴에 새길 것입니다. 청소년상담사는 청소년이 사랑하는 가족, 이웃과 더불어 행복하게 살아갈 수 있도록 지원하기 위해 다음과 같이 윤리규정을 숙지하고 준수 할 것을 다짐합니다.

가. 목적

1. 청소년상담사의 책임과 의무를 분명하게 제시하여 내담자를 보호한다.
2. 청소년상담사가 직무 중에 발생하는 문제를 처리할 수 있는 기준을 제공한다.
3. 청소년상담사가 자신의 사생활과 인격을 보호하는 근거를 제공한다.
4. 청소년상담사의 활동이 전문직으로서의 상담의 기능 및 목적에 저촉되지 않도록 기준을 제공한다.
5. 청소년상담사의 활동이 지역사회의 도덕적 기대에 부합하도록 준

* 청소년상담사, http://www.youthcounselor.or.kr에서 발췌.

거를 제공한다.

나. 청소년상담사로서의 전문적 자세

1. 청소년상담사의 책임

가) 청소년상담사는 청소년 기본법에 따라 청소년의 권리와 책임을 다 할 수 있게 지원해야 한다.

나) 청소년상담사는 자기의 능력 및 기법의 한계를 인식하고, 전문적 기준에 위배되는 활동을 하지 않도록 한다.

다) 청소년상담사는 검증되지 않고 훈련 받지 않은 상담기법의 오·남용을 삼간다.

라) 청소년상담사는 현행법이 윤리강령을 제한할 경우는 현행법을 우선적으로 적용하지만 윤리강령이 보다 엄격한 기준을 설정하고 있다면, 윤리강령을 따른다.

마) 청소년상담사는 청소년과 관련된 정책, 규칙, 법규에 대해 정통해야 하고 청소년 내담자를 보호하며 청소년 내담자가 최선의 발달을 이루도록 노력해야 한다.

바) 청소년상담사는 청소년상담사 윤리강령에 어긋나는 사실을 알게 된 경우 청소년상담자의 의무에 준하여 윤리위원회에 보고해야 한다.

2. 품위유지 의무

가) 청소년상담사는 전문상담자로서 품위를 손상하는 행위를 하지 않는다.

나) 청소년상담사는 동종에 종사하는 자와 협력하여야 한다.

3. 상담관계

가) 청소년상담사는 자신의 법적, 도덕적 한계를 벗어난 다중 관계를 맺지 않는다.

나) 청소년상담사는 청소년 내담자에게 무력, 정신적 압력 등을 사용하지 않는다.

다) 청소년상담사는 상담적 배임행위(내담자 유기, 동의를 받지 않은 사례 활용 등)를 하지 않는다.

라) 청소년상담사는 외부 지원이 적합하거나 필요할 때 의뢰를 요청할 수 있으며 의뢰에 대해 청소년 내담자와 부모(보호자)에게 알리고 서비스를 받도록 노력한다.

마) 매체(전화, 인터넷, 모바일 폰 등)를 활용한 서비스 지원에 있어 위해 요소로부터 청소년을 보호하기 위한 신뢰할 수 있는 조치를 취한다.

4. 부모/보호자와의 관계

가) 청소년상담사는 부모(보호자)의 권리와 책임을 존중하고, 청소년 내담자의 성장을 최대한 촉진시키기 위해 부모(보호자)에게 상담자의 역할에 대해 설명하여 협력적인 관계를 성립하도록 노력한다.

나) 청소년상담사는 내담자의 성장과 복지에 필요하다고 판단된 경우에 한해 부모(보호자)에게 정확하고, 종합적인 정보를 제공한다.

5. 자격과 수련

가) 청소년상담사는 자신의 전문성을 유지하기 위해 법적으로 정해진 보수교육에 반드시 참여한다.

나) 청소년상담사는 다양한 사람들을 상담함에 있어 상담에 필요한 이론적 지식, 전문적 실습, 연구능력을 향상시키기 위한 교육, 자문, 훈련 등의 지속적인 노력을 추구한다.

다. 비밀보장

1. 사생활과 비밀보장의 의무

가) 청소년상담사는 내담자와 부모(보호자)의 사생활과 비밀보장에 대한 권리를 최대한 존중해야 한다.

나) 청소년상담사는 고용인, 수퍼바이저, 직원 등 주변인에게도 내담자의 사생활과 비밀이 보호되도록 주지시킨다.

다) 청소년상담사는 청소년 내담자 상담 시 사전에 상담에 대한 내담자의 동의를 받고 상담 과정에서 부모나 보호자가 참여할 수 있으며, 비밀보장의 한계에 따라 정보를 제공할 수 있음을 알린다.

라) 청소년상담사는 청소년 내담자 상담 시, 상담 의뢰자(교사, 경찰 등)에게 내담자의 동의를 얻어 정보를 제공할 수 있다.

마) 청소년상담사는 비밀보장의 의미와 한계에 대하여 청소년 내담자의 발달단계에 적합한 용어로 알기 쉽게 설명해 주어야 한다.

2. 비밀보장의 한계

가) 청소년상담사는 상담 시 비밀보장의 1차적 의무를 내담자의 보호

에 두지만 비밀보장의 한계에 있어 청소년의 부모(보호자)에게 공개할 수 있다.

나) 비밀보장의 한계가 있는 경우는 다음과 같다.

① 청소년상담사는 내담자의 생명이나 사회의 안전을 위협하는 경우 비밀을 공개하여 안전을 확보한다.

② 청소년상담사는 법적으로 정보의 공개가 요구되는 경우 내담자의 허락을 득하고 최소한의 정보만을 공개한다.

③ 청소년상담사는 내담자에게 감염성이 있는 치명적인 질병이 있을 경우 그 질병에 노출되어 있는 제3자에게 정보를 공개할 수 있다.

3. 기록 및 녹음의 보관과 양도

가) 청소년상담사는 내담자에게 전문적인 서비스를 제공하기 위해 상담 내용을 기록하고 보관한다.

나) 청소년상담사는 기록 및 녹음에 관해 내담자의 사전 동의를 구한다.

다) 청소년상담사는 면접기록, 심리검사자료, 편지, 녹음 · 녹화 테이프, 기타 문서기록 등 상담과 관련된 기록을 보관하고 처리하는 데 있어서 비밀이 보장되어야 한다.

라) 청소년상담사는 내담자의 동의 없이는 상담의 기록을 제3자나 기관에 공개하지 않는다.

마) 청소년상담사는 내담자와 보호자가 상담 기록의 삭제를 요청을 할 경우 법적, 윤리적 문제가 없는 한 삭제하여야 한다. 상담 기록

을 삭제하지 못할 경우 타당한 이유를 내담자와 보호자에게 설명해 주어야 한다.

바) 청소년상담사는 퇴직, 이직 등의 이유로 상담을 중단하게 될 경우 기록과 자료를 적절한 절차에 따라 기관이나 전문가에게 양도한다.

라. 수퍼비전과 심리검사

1. 자문 및 수퍼비전

가) 청소년상담사는 자신의 사례에 대해 보다 나은 전문적 상담을 위해 내담자의 동의를 구한 후 내담자에 대해 사실적이고 객관적인 정보만을 사용하여 동료나 수퍼바이저에게 자문을 받는다.

나) 청소년상담사는 비밀보호의 예외 및 한계에 관한 타당성이 의심될 때에 동료 및 수퍼바이저의 자문을 구한다.

다) 청소년상담사는 내담자를 의뢰할 수 있는 전문가, 협회 및 기타 지지자원을 알고 있으며 이를 활용한다.

2. 심리검사

가) 청소년상담사는 심리검사를 실시하고 해석할 수 있는 능력을 배양해야 한다.

나) 검사 도구를 선택, 실시, 해석함에 있어서 모든 전문가적 기준을 고려하여 사용한다.

다) 청소년이 이해할 수 있는 언어로 심리검사의 잠재적 영향력, 결과, 목적, 성격에 대한 설명을 제공한다.

라) 심리검사 결과 해석의 사용을 감독하고 다른 이들이 그 정보를 오용하지 않도록 적합한 절차를 취한다.

마. 지역사회 참여 및 제도 개선에 대한 책임

1. 지역사회를 돕는 전문가 역할

가) 청소년상담사는 경제적 이득이 없는 경우에도 청소년의 최선의 유익을 위하여 지역사회의 기관, 조직 및 개인과 협력하고 사회공익을 위해 전문적 활동에 헌신함으로써 사회에 공헌하도록 한다.

나) 청소년상담사는 자문을 요청한 내담자나 기관의 문제 혹은 잠재된 사회문제를 규명하고 해결하는 데 도움을 준다.

다) 청소년상담사는 내담자가 다른 정신건강 전문가와 상담을 받고 있음을 알게 되면, 내담자의 동의하에 그 전문가와 긍정적이고 협력적인 관계를 맺도록 노력한다.

2. 제도 개선 노력

가) 청소년 관련 법과 정책 개선의 노력: 청소년상담사는 청소년 및 복지관련 법령, 정책 등의 적용과 개선을 위해 노력한다.

나) 청소년상담사 자격 제도 개선의 노력: 청소년상담사는 자격검정 및 연수 등 청소년상담사 자격제도 개선을 위해 노력한다.

바. 상담기관 설립 및 운영

1. 상담기관 운영자의 역할

가) 상담기관 운영자는 직원이나 학생, 수련생, 동료 등을 교육, 감독

하거나 평가 시에 착취하는 관계를 가져서는 안 된다.

나) 상담기관 운영자는 자신과 현재 종사하고 있는 직원의 발전에 책임이 있다.

다) 상담비용을 책정할 때 내담자의 재정상태와 지역성을 고려하여야 한다.

2. 상담기관 종사자의 역할

가) 청소년상담사는 자신이 종사하는 기관의 목적과 운영방침을 따라야 하며, 기관의 성장 발전을 위해 노력해야 한다.

나) 청소년상담사는 고용기관에 손해를 끼칠 수 있는 상황이나 기관의 효율성에 제한을 줄 수 있는 상황에 대해 미리 알려주어야 한다.

사. 연구 및 출판

1. 연구 활동

가) 청소년상담사는 청소년 문제 해결을 위해 윤리적 기준에 따라 과학적인 방법으로 연구를 계획하고 수행한다.

나) 청소년상담사는 연구 대상자를 심리적, 신체적, 사회적 불편이나 위험으로부터 보호하여야 하며, 연구대상자의 요구가 있을 경우 연구 결과나 결론 등을 제공하여야 한다.

2. 출판 활동

가) 청소년상담사는 연구 결과를 출판할 경우에 자료를 위조하거나 결과를 왜곡해서는 안 된다.

나) 청소년상담사는 투고논문, 학술발표원고, 연구계획서를 심사할 경우 제출자와 제출내용에 대해 비밀을 유지하고 저자의 저작권을 존중한다.

아. 청소년상담사 윤리위원회

1. 윤리위원회의 구성은 윤리위원회 규정에 따른다.

2. 윤리위원회 기능

가) 청소년상담사 윤리강령 보급

나) 청소년상담사 윤리강령 심의 · 수정

다) 윤리강령 위반 행위에 대한 접수 · 처리 · 의결

라) 윤리위원회는 청소년기본법과 윤리위원회 규정이 정한 절차에 따라 자격의 박탈, 정지 등의 징계를 할 수 있다.

3. 청소년상담사는 윤리위원회의 조사, 요청, 소송절차에 협력한다.

4. 윤리위원회의 활동에 대해서는 윤리위원회 규정을 제정하여 이에 따른다.

3 코치 윤리강령*

윤리강령

1. 코치는 개인적인 차원뿐 아니라 공공과 사회의 이익도 우선으로 합니다.
2. 코치는 승승의 원칙에 의거하여 개인, 조직, 기관, 단체와 협력합니다.
3. 코치는 지속적인 성장을 위해 학습합니다.
4. 코치는 신의 성실성의 원칙에 의거하여 행동합니다.

윤리규칙

제1장 기본윤리

제1조 (사명)

1. 코치는 한국코치협회의 윤리규정에 준거하여 행동합니다.
2. 코치는 코칭이 고객의 존재, 삶, 성공, 그리고 행복과 연결되어 있음을 인지합니다.
3. 코치는 고객의 잠재력을 극대화하고 최상의 가치를 실현하도록 돕기 위해 부단한 자기성찰과 끊임없이 공부하는 평생학습자가 되어야 합니다.
4. 코치는 자신의 전문분야와 삶에 있어서 고객의 롤 모델이 되어야 합니다.

* 한국코치협회, http://www.kcoach.or.kr에서 발췌.

제2조 (외국윤리의 준수)

코치는 국제적인 활동을 함에 있어 외국의 코치 윤리규정도 존중하여야 합니다.

제2장 코칭에 관한 윤리

제3조(코칭 안내 및 홍보)

1. 코치는 코칭에 대한 전반적인 이해나 지지를 해치는 행위는 일절 하지 않습니다.
2. 코치는 코치와 코치단체의 명예와 신용을 해치는 행위를 하지 않습니다.
3. 코치는 고객에게 코칭을 통해 얻을 수 있는 성과에 대해서 의도적으로 과장하거나 축소하는 등의 부당한 주장을 하지 않습니다.
4. 코치는 자신의 경력, 실적, 역량, 개발 프로그램 등에 관하여 과대하게 선전하거나 광고하지 않습니다.

제4조 (접근법)

1. 코치는 다양한 코칭 접근법(approach)을 존중합니다. 코치는 다른 사람들의 노력이나 공헌을 존중합니다.
2. 코치는 고객이 자신 이외의 코치 또는 다른 접근 방법(심리치료, 컨설팅 등)이 더 유효하다고 판단되어질 때 고객과 상의하고 변경을 실시하도록 촉구합니다.

제5조(코칭 연구)

1. 코치는 전문적 능력에 근거하며 과학적 기준의 범위 내에서 연구를 실시하고 보고합니다.

2. 코치는 연구를 실시할 때 관계자로부터 허가 또는 동의를 얻은 후 모든 불이익으로부터 참가자가 보호되는 형태로 연구를 실시합니다.
3. 코치는 우리나라의 법률에 준거해 연구합니다.

제3장 직무에 대한 윤리

제6조(성실의무)

1. 코치는 고객에게 항상 친절하고 최선을 다하며 성실하여야 합니다.
2. 코치는 자신의 능력, 기술, 경험을 정확하게 인식합니다.
3. 코치는 업무에 지장을 주는 개인적인 문제를 인식하도록 노력합니다. 필요할 경우 코칭의 일시 중단 또는 종료가 적절할지 등을 결정하고 고객과 협의합니다.
4. 코치는 고객의 모든 결정을 존중합니다.

제7조(시작 전 확인)

1. 코치는 최초의 세션 이전에 코칭의 본질, 비밀을 지킬 의무의 범위, 지불 조건 및 그 외의 코칭 계약 조건을 이해하도록 설명합니다.
2. 코치는 고객이 어느 시점에서도 코칭을 종료할 수 있는 권리가 있음을 알립니다.

제8조(직무)

1. 코치는 고객, 혹은 고객 후보자에게 오해를 부를 우려가 있는 정보 전달이나 충고를 하지 않습니다.
2. 코치는 고객과 부적절한 거래 관계를 가지지 않으며 개인적, 직업적, 금전적인 이익을 위해 의도적으로 이용하지 않습니다.
3. 코치는 고객이 고객 스스로나 타인에게 위험을 미칠 의사를 분명히

했을 경우 한국코치협회 윤리위원회에 전달하고 필요한 절차를 취합니다.

제4장 고객에 대한 윤리

제9조(비밀의 의무)

1. 코치는 법이 요구하는 경우를 제외하고 고객의 정보에 대한 비밀을 지킵니다.
2. 코치는 고객의 이름이나 그 외의 고객 특정 정보를 공개 또는 발표하기 전에 고객의 동의를 얻습니다.
3. 코치는 보수를 지불하는 사람에게 고객 정보를 전하기 전에 고객의 동의를 얻습니다.
4. 코치는 코칭의 실시에 관한 모든 작업 기록을 정확하게 작성, 보존, 보관, 파기합니다.

제10조(이해의 대립)

1. 코치는 자신과 고객의 이해가 대립되지 않게 노력합니다. 만일 이해의 대립이 생기거나 그 우려가 생겼을 경우, 코치는 그것을 고객에게 숨기지 않고 분명히 하며, 고객과 함께 좋은 대처 방법을 찾기 위해 검토합니다.
2. 코치는 코칭 관계를 해치지 않는 범위 내에서 코칭 비용을 서비스, 물품 또는 다른 비금전적인 것으로 상호교환(barter)할 수 있습니다.

부칙

제1조 이 윤리규정은 2012. 01. 01부터 시행한다.

제2조 이 윤리규정에 언급되지 않은 사항은 한국코치협회 윤리위원회의 내규에 준한다.

윤리규정에 대한 맹세

나는 전문코치로서 (사)한국코치협회 윤리규정을 이해하고 다음의 내용에 준수합니다.

1. 코치는 개인적인 차원뿐 아니라 공공과 사회의 이익을 우선으로 합니다.
2. 코치는 승승의 원칙에 의거하여 개인, 조직, 기관, 단체와 협력합니다.
3. 코치는 지속적인 성장을 위해 학습합니다.
4. 코치는 신의 성실성의 원칙에 의거하여 행동합니다.

만일 내가 (사)한국코치협회의 윤리규정을 위반하였을 경우, (사)한국코치협회가 나에게 그 행동에 대한 책임을 물을 수 있다는 것에 동의하며, (사)한국코치협회 윤리위원회의 심의를 통해 법적인 조치 또는 (사)한국코치협회의 회원자격, 인증코치자격이 취소될 수 있음을 분명히 인지하고 있습니다.

저자 소개

조아미

미국 University of Southern California (Ph.D.)
현재 명지대학교 청소년지도학과 교수

한영희

명지대학교 대학원 교육학 박사
현재 명지대학교 상담실 전임연구원

이진숙

명지대학교 대학원 교육학 박사
현재 수원여자대학교 레저스포츠과 스포츠청소년지도 전공교수

진영선

명지대학교 대학원 청소년지도학과 박사과정
현재 아세아연합신학대학교 강사

청소년 라이프 코디네이팅

2013년 10월 25일 1판 1쇄 인쇄
2013년 10월 30일 1판 1쇄 발행

지은이 • 조아미 · 한영희 · 이진숙 · 진영선
펴낸이 • 김진환
펴낸곳 • (주) 학지사
121-837 서울특별시 마포구 서교동 352-29 마인드월드빌딩 5층
대표전화 • 02) 330-5114 팩스 • 02) 324-2345
등록번호 • 제313-2006-000265호

홈페이지 • http://www.hakjisa.co.kr
커뮤니티 • http://cafe.naver.com/hakjisa

ISBN 978-89-997-0232-7 93370

정가 14,000원

저자와의 협약으로 인지는 생략합니다.
파본은 구입처에서 교환해 드립니다.

이 책을 무단으로 전재하거나 복제할 경우 저작권법에 따라 처벌을 받게 됩니다.

인터넷 학술논문 원문 서비스 **뉴논문** www.newnonmun.com

이 도서의 국립중앙도서관 출판시도서목록(CIP)은 서지정보유통지원시스템 홈페이지(http://seoji.nl.go.kr)와 국가자료공동목록시스템(http://www.nl.go.kr/kolisnet)에서 이용하실 수 있습니다.
(CIP제어번호: CIP2013020613)